Alexander Glück

Wien

55 Meilensteine der **Geschichte**

Menschen, Orte und Ereignisse, die unsere Stadt bis heute prägen

dédié à
Mme Karine Pironnet-Alsen

SUTTON

Inhalt

Einleitung

Die Geschichte Wiens, der Hauptstadt Österreichs, beginnt vor etwa 4.000 Jahren. Wegen ihrer Lage am Donaustrom zwischen den Ausläufern der Voralpen (Wienerwald) und der pannonischen Tiefebene zählt die heutige Metropole zu den frühen Siedlungsgebieten der Menschen und gewann als Handelsplatz und strategisch wichtiger Punkt im Herzen Europas stetig an Bedeutung. Jahr für Jahr besuchen Heerscharen von Touristen diese Stadt – die meisten von ihnen wissen genau, was sie dort finden wollen: Franz und Sisi, den Wiener Walzer, barocken Pomp und die netten Pferdchen, die tagein, tagaus ihre jeweiligen Kutscher umherziehen müssen. Ansonsten: das Kaffeehaus, klar. Den Wiener Schmäh, dessen Tiefgründigkeit darin liegt, zum Schein als Charme daherzukommen. Die Wiener Küche (eigentlich eine großteils böhmische). Und wenn man mit den hellen Seiten durch ist und nicht schon wieder abreist, dann bleibt noch etwas Zeit für die dunkle Seite. Die Wiener Todeslust, jaja. Der schwarze, angeblich bitterböse Humor. Die depressive Stimmung, die sich hier im Spätherbst sogar auf die Gesichter der Tauben zu legen scheint. Auf diesen Themenkreis verweisen vor allem die, denen sich Wien halb erschlossen hat, aber eben nicht ganz. Denn diese Stadt spielt gerne mit solchen Klischees, sie zahlen sich aus.

Aber was ist wirklich dran an diesen Zuschreibungen, die immer nur ein Stück und nie das ganze Wien erfassen? Letztlich sind sie nicht mehr als liebgewonnene Trivialurteile, ewig abgekupferte Standardbeschreibungen für eine Stadt, die sich seit der Zeit, in der sie diese Attribute erhalten hat und in der diese noch gültig waren, immer weiter verändert hat. Das wahre Wien in seiner Vielschichtigkeit verschwindet dahinter. Diese Stadt war und ist eine Matrix, auf der sich höchst verschiedene Völkerschaften munter verwirklichen und in der, auch wenn jedes Genie bekämpft wird, jeder Querkopf seinen Zirkel finden kann. Während die Tschechen der ersten großen Zuwanderungswelle längst voll assimiliert sind und als Herr Nowak oder Frau Pospischil heute die waschechten Wiener mit dem breitesten Dialekt stellen, haben etliche andere Ethnien hier ihre Mikrogesellschaften ausgeformt und denken überhaupt nicht daran, die gängigen Wien-Klischees zur Richtschnur ihrer Lebensentwürfe zu machen.

Auf der anderen Seite sind aber viele Dinge in Wien wirklich noch immer so, wie sie schon früher waren. Ignoranz zum Beispiel. Sie können hier noch so gut, noch so hoffnungsvoll und tatkräftig an eine Sache herangehen, man wird Sie mit absoluter Sicherheit ausbremsen. Der Wiener an sich hält sich auch heute noch für den Einwohner der Hauptstadt eines Weltreichs, was ihm den in Tirol verbreiteten spöttischen Scherz „Tausche Wien gegen Südtirol" eingetragen hat. Der Wiener glaubt, „Schlagobers" sei gesamtösterreichisch, obwohl man im Westen des Landes „Schlagrahm" sagt. Eine seiner Lieblingsfloskeln ist „Ned bös sein", dabei ist keine Floskel böser als diese. Eine andere, „Des is ja des", markiert die höchstmögliche Form der Unverbindlichkeit. Der Wiener palavert viel, er hat's gerne gut, dabei grantelt er gerne. Lebt er in Wien, zieht es ihn weg, ist er aber weg, zieht es ihn nach Wien. Doch auch das sind natürlich Klischees, wenn auch mit einem wahren Kern.

Wien war und ist – aus der Geschichte und seiner heutigen Position heraus – Drehscheibe für Ideen aus Osteuropa und Vermittler zwischen West und Ost. Das schätzte man schon im alten Europa vor 1918, dann im Kalten Krieg und heute auch wieder: Wien ist der diplomatische Adapter zwischen Brüsseler EU-Direktionismus und osteuropäischer Widerständigkeit. Durch seine östliche Orientierung war Wien immer auch für Westeuropäer interessant. Nicht nur aufgrund der Größe und Vielschichtigkeit der von hier aus regierten Reiche, sondern auch wegen seiner überragenden Leistungen in Kunst, Kultur und Wissenschaft hatte Wien Weltgeltung, und es hat sie bis heute.

Aber in seiner gesellschaftlichen Schichtung ist diese Stadt immer ein provinzielles und kleinbürgerliches Idyll geblieben, und auch das kann man bis heute besichtigen, beispielsweise in Kaisermühlen, in manchen Amtsstuben oder auch in so manchem kleineren Unternehmen. Statt sich zu einem emanzipierten Bürgertum zu entwickeln, wurden für alle Ewigkeit Untertanengeist und Kleinbürgertum festgezurrt. Das hat System und es erfolgte aus Absicht. Auch deswegen ist es für Neuankömmlinge nicht ganz leicht, in Wien Fuß zu fassen oder mit Wienern zusammenzuarbeiten. Als Fremder einen Wiener zu kritisieren, geht gar nicht. Wenn man es mit einem bundesdeutschen Idiom macht, zuckt er zusammen. Aber wenn man sich hilflos stellt und ihn lieb bittet, macht er alles, was ihm möglich ist.

Das eigentliche Wien ist, auch wenn einige seiner Aspekte perpetuiert wurden, immer wieder verschwunden. So etwa baulich: Im 19. Jahrhundert demolierte man nicht nur die Stadtmauer, sondern auch eine große Zahl historischer Häuser. Vom alten Wien des 16. Jahrhunderts gibt es kaum noch etwas außer ein paar wenige Kirchen, Häuser und Straßen. Gesellschaftlich verschwand Wien durch fortwährende Verdünnung seiner Ursprungsbevölkerung durch immer größere Ströme von Einwanderern (übrigens stecken auch in den Lipizzanern nur noch etwa 10 % der ursprünglichen Lipizzaner-Gene, aber niemand würde die Echtheit dieser Lipizzaner in Zweifel ziehen).

Wien ist viel geliebt, wird aber auch viel geschmäht. Diese Stadt ist vielschichtig und doppelbödig – übrigens im wörtlichen Sinne, denn unter der Stadt kann man sich noch eine weitere, unterirdische, ansehen; wenn man glaubt, Wien zu kennen, trügt der Schein manchmal. Oft sind die Menschen hier süßlich-freundlich, aber mit seelischen Abgründen. Große wurden hier leidenschaftlich kleingemacht, Innovationen wurden zuweilen heftig befehdet. Allerdings hatten hier Spinner immer eine gute Chance, geduldet zu werden. Den selbsternannten Friedensapostel „Waluliso" ließ man beim Eintreffen von Staatsgästen unbehelligt in der ersten Reihe predigen. Und als Helmut Seethaler, Zetteldichter vor eigenen Gnaden, seine poetischen Schnipsel wahllos an Bäume klebte, beschied ihn der damalige Bürgermeister Helmut Zilk mit den Worten: „Da hast zwa Bam und jetzt gibst a Rua!"

1 Geologie einer Region
Die Gegend an Wien und Donau

In den ereignisreichen Zeiten der Erdgeschichte war jene Gegend, auf der sich heute die Stadt Wien und ihr Umland befinden, von mancherlei Entwicklungen betroffen, die sich unauslöschlich in das geologische Antlitz dieser Landschaft eingeschrieben haben.

Drei Hauptentwicklungen prägen das Landschaftsbild: Im Westen falteten sich die Alpen auf, ihre Ausläufer reichen bis an das Stadtgebiet heran. Im Osten bildete sich durch geologische Verschiebungen das Wiener Becken, und vom Pleistozän an suchte sich der Donaustrom mal hier, mal dort sein Bett. Die Wiener Landschaft war einst der Küstenbereich einer Bucht im Tethysmeer, das Klima war tropisch, der weiße Sand ist heute noch im nördlichen Niederösterreich zu finden. In der Gemeindesandgrube von Kühnring wurde eine vor 20 Mio. Jahren von einem Unwetter heimgesuchte Seekuhherde ausgegraben, Muscheln finden sich an zahlreichen Orten, nördlich von Wien sogar ein komplettes Austernriff.

Die Urdonau bildete sich aus einem Molassebecken nördlich der Alpen, als es sich im Tertiär stark heraushob. Aus dem Molassebecken wurde eine Schotterebene, im Westen mit dem Ur-Mittelmeer verbunden, im Osten mit der Paratethys, jenem Urmeer, dessen Reste heute noch zu sehen sind: das Schwarze und das Kaspische Meer (und der Plattensee und der Neusiedler See) – in diese beiden Meere wurde auch entwässert. Der Mittelteil dieser Urdonau, heute ungefähr auf dem Gebiet des Schweizer Mittellandes und des süddeutschen Alpenlands, entwässerte zunächst nach Osten, dann nach Westen, dann wieder nach Osten und heute in drei Richtungen.
Als Urdonau gilt das spätere nach Osten gerichtete System: Von Passau bis Wien hat sich sein, wie Wissenschaftler es nennen, „fluviales Geschehen" bis heute nicht geändert. Teilweise lief die Urdonau aber in anderen Bereichen als heute, und in manchen Gegenden kam es aufgrund geologischer Vorgänge zu Reliefumkehr, weshalb einst tiefer gelegene Gebiete heute aus dem Bodenniveau emporragen.

Allerdings wurde Wien nicht nur durch die Donau geprägt, sondern fast mehr noch durch die Wien, der die Stadt auch ihren Namen verdankt. Sie entspringt am Fuße des Kaiserbrunnberges im Wienerwald. Schon die Römer fürchteten ihr Überschwemmungspotential und errichteten ein großes Wasserbecken, um die angelegten Straßen zu schützen. Die Wien war ein Bindeglied zwischen den stationierten Truppen an der Limesgrenze und dem südlicheren Hinterland. Kein Wunder also, wenn der Strom als Schifffahrtsweg nutzbar gemacht wurde. Sein Name leitet sich von „Vedunia" (Waldbach) ab und stammt aus der Zeit um 400 v. Chr. Die Stadt benannte man dann kurzerhand nach dem Strom, so stand beides schon relativ früh fest.
Bis ins späte 19. Jahrhundert hatte die Wien romantische Auen durchflossen,

Die unregulierten Donauauen, ein grandioser Urwald. Häufige Überschwemmungen ließen eine Regulierung nötig erscheinen.

Wäscherinnen schwenkten die Laken im klaren Wasser und Fischer holten schmackhafte Fische heraus. Da und dort ein Flößer, eine alte Mühle vielleicht und im Winter Schlittschuhfreuden auf dem zugefrorenen seichten Wasser. Aber die historische Wien konnte für den Menschen auch sehr unangenehm werden: Ihr Durchsatz erreichte bei Hochwasser zuweilen das Zweitausendfache der normalen Wassermenge. In tragischer Erinnerung war lange Zeit die Flut vom 4. Juli 1670: Der Strom war schnell angestiegen und hatte dadurch viele Menschen im Schlaf überrascht, sie ertranken in ihren Häusern. 1785 durchflutete der Strom Keller und Souterrain des Schlosses Schönbrunn. 1814 wurde beschlossen, den Wienlauf einzubetten, allerdings nur in der Stadt und deren unmittelbarem Einzugsgebiet. 1817 waren die Arbeiten zwischen Schönbrunn und dem Stubentor an der Stadtmauer beendet. Aber nicht nur die Hochwasser waren gefährlich, sondern auch etwas anderes – die Cholera. Allein im Jahr 1830 starben in Wien 2.000 Menschen an der Seuche.

Die Regulierung des Wienflusses wurde in den Jahren 1895 bis 1906 abgeschlossen. Auf einer Länge von 2,3 Kilometern fließt die Wien seither unterirdisch, gleich einem Stadtkanal. Das längste Teilstück der Einwölbung befindet sich im innerstädtischen Bereich. Die Einhüllung des Stroms wurde auch deshalb vorgenommen, um auf diesem letzten Teilstück einen prachtvollen Kaiserboulevard zu errichten, der bis heute dem Naschmarkt ein mondänes Gepräge zu geben versucht.

2 Das Werden einer Landschaft
Das Wiener Becken und die Hausberge

Wenn man sich im Wiener Umland auf einen Berg begibt, hat man oft die Möglichkeit, seinen Blick über die auffällige Senke schweifen zu lassen, die der Landschaft ihr eigenartiges Gepräge gibt. Sie erscheint wie ein ausgetrocknetes Meer, und tatsächlich ist sie das auch – zahlreiche Bodenfunde geben genauen Einblick in die Erdgeschichte.

Bei den direkt ins Stadtgebiet hineinragenden kleinen Bergen des nördlichen Wienerwalds handelt es sich um die letzten Ausläufer des Alpenbogens. Was sich dem Bergwanderer in weiter westlich gelegenen Gebieten als schroffe, zuweilen gefährliche Bergformationen präsentiert, stellt sich dem Wiener Ausflügler als sanft ansteigende Hügel von weniger als 500 Höhenmetern dar, ideal für den städtischen Touristen oder für solche Besucher, die sich nach der Besichtigung der weithin bekannten Sehenswürdigkeiten schnell einmal auf einen Wanderausflug in die Natur einlassen wollen.

Die Landmasse des Wiener Gebietes befand sich wie ganz Niederösterreich zunächst unterhalb des Äquators auf dem Meeresboden, das Klima war tropisch. Im Erdaltertum vor 541 bis 252 Mio. Jahren bildeten sich hier große Gebirge, deren Reste in den Gesteinen der Böhmischen Masse auch im Waldviertel erhalten sind. Bei dieser Gebirgsbildung sank eine große Gesteinsmasse in die Tiefe und stieg dann verflüssigt wieder auf (Granit). In den darauffolgenden 50 Mio. Jahren, dem frühen Erdmittelalter, bildete Niederösterreich eine Halbinsel des Tethysmeeres. In der Zeit vor 201 bis 145 Mio. Jahren öffnete sich der Atlantik und Niederösterreich verschwand bis auf das Waldviertel unter dem Meeresspiegel. Erst vor 100 Mio. Jahren, als sich die Alpen auffalteten und damit auch die Emporhebung des kleinen waldigen Hügelsystems im Nordwesten Wiens – Kahlenberg und Leopoldsberg – anschoben, kam es wieder empor. Im Zuge dieser Gebirgsbildung senkten sich das nördliche Alpenvorland und Teile der Böhmischen Masse ab und gingen abermals unter. Nun lagerten sich Lehm, Sand und Schotter in diesem Molassemeer ab, aus dem sich später die Urdonau entwickelte.

Der Meeresspiegel stieg an, das Meer zog sich zurück und kam wieder. An Land waren Schuppenkriechtiere, Gürtelechsen, Alligatoren und Schildkröten unterwegs. Erst später entstand durch tektonische Bewegungen das Wiener Becken. Wenn man sich auf die andere Seite des Wiener Raumes begibt, auf die scharfe Plateaukante der Hohen Wand, kann man sich noch immer einen guten Eindruck davon verschaffen, wie hier einst die Wogen der Paratethys glitzerten und das, was heute kleine Berge sind, einst als Inseln aus diesem Meer emporragte. Die Wiener Gegend war also auch schon in der Erdgeschichte ein Ort am Schnittpunkt der Einflüsse aus verschiedenen Richtungen, und bis heute ist diese Landschaftsvielfalt charakteristisch für diese Stadt:

Malerisch erheben sich der Leopoldsberg und der Kahlenberg im Nordwesten Wiens.

Die vergleichsweise kleinen Hausberge befinden sich in unmittelbarer Nähe, etwas weiter weg befinden sich im Süden schon richtige Berge, nämlich Schneeberg und Rax, während sich im Osten die weite Steppenlandschaft der pannonischen Tiefebene auftut. Wie schon im Schnittbereich der Geologie, lag Wien immer auch am Schnittpunkt der Kulturkreise.

Die Lebensvielfalt unter Wasser entspricht ungefähr der heutigen im Roten Meer oder im Indischen Ozean. Etwa vor 12 Mio. Jahren wurde das Binnenmeer von den offenen Ozeanen abgeschnitten, sein Wasser wurde basisch und süßte aus, die meisten Meeresbewohner verschwanden bis auf wenige Muschel- und Schneckenarten, im Westen blieb ein großer Brackwassersee zurück, von dem heute noch der Neusiedler See übrig ist. Vor 9 Mio. Jahren zog sich der Pannonsee schließlich aus dem Wiener Becken zurück. Eine halbe Milliarde Jahre war das heutige Niederösterreich eine Geschichte von Meeren. Mit der Verlandung dieser Gegend tauchten Säugetiere wie der Hauerelephant, Flughörnchen und die Säbelzahnkatze sowie viele der noch heute verbreiteten Bäume auf, etwa Erlen, Ahorn und Eichen. Es war warm und regnerisch mit milden Wintern. Das Gebiet wurde zur Landschaft.

3 Die Jungsteinzeit im Wiener Raum
Früheste Siedlungen

Menschen waren im Gebiet des heutigen Wiens bereits in der Altsteinzeit unterwegs, doch erst in der Jungsteinzeit nahm die kontinuierliche Besiedlung des Wiener Beckens ihren Anfang.

Im Wiener Raum wurden jungsteinzeitliche Siedlungen auf dem Leopoldsberg und dem Nussberg gefunden, auf dem Antonsberg bei Mauer (23. Bezirk) gab es im dritten Jahrtausend vor Christus ein Hornsteinbergwerk. Die vorchristliche Höhensiedlung auf dem Leopoldsberg wurde vom keltischen Stamm der Boier bewohnt. In Simmering fand man eine Münze und auf dem Leberberg bei Sankt Marx eine Begräbnisstätte. Die Kelten führten auch den Namen „Vedunia" (Waldbach, gemeint ist die Wien sowie eine in der Nähe liegende Siedlung) ein, der sich zu Vindobona wandelte. Durch die Römer erfolgte ihre Zwangsumsiedlung ins Tal. Die Urnenfelderkultur der Bronzezeit ist in Wien durch etliche Brandgräber belegt, außerdem fanden sich Siedlungsspuren. Die Eisenzeit (ältere Hallstattkultur) hat in Wien neben anderen Siedlungsresten einen Grabhügel hinterlassen, der noch immer gut zu erkennen ist. Weitere gibt es in Großmugl, Niederfellabrunn und Niederhollabrunn. Der Wiener Grabhügel befindet sich in Wien-Leopoldau (Park an der Straßengabelung zwischen Siemensstraße und Julius-Ficker-Straße), er hat einen Durchmesser von 14 Metern und eine Höhe von 2 Metern. Südlich davon fand man eine größere Siedlung aus der Hallstattzeit.

Auch im unteren Liesingtal wurden hallstattzeitliche Funde gemacht, und zwar im Bereich der Fontanastraße (Oberlaa, 10. Bezirk) bei Trassierungsarbeiten. Hier wurden vor einiger Zeit ganze Gehöftgruppen untersucht. In Wien-Oberlaa stieß man im März 1976 beim Bau einer Ringwasserleitung auf eine hallstattzeitliche Siedlung. Zuweilen werden die Archäologen auch durch Erdverfärbungen auf den Plan gerufen, so etwa in einer Baugrube südlich der Verbindungsbahn.

Die in Wien gemachten Funde aus der Hallstattzeit werden der Kalenderbergkultur zugerechnet. Daneben gibt es auch Funde aus der Latènezeit, nämlich im Bereich Engelsberggasse/Riesgasse (3. Bezirk) zwei Töpferöfen, auf der Simmeringer Hauptstraße (11. Bezirk) einen Münzschatz sowie Siedlungsspuren vom Burgstall, dem nordöstlichen Ausläufer des Nussbergs. Die keltische Besiedlung des Leopoldsbergs dauerte bis in die Augusteische Zeit an und wird bereits seit 30 Jahren systematisch untersucht.

In der Eisenzeit siedelten im nördlichen Niederösterreich Kelten, eine Siedlung von enormer Ausdehnung wurde auf dem Sandberg bei Roseldorf in der Nähe von Hollabrunn entdeckt. Das Areal blieb seit der Antike unverbaut, nicht einmal Weinstöcke erschweren die Erforschung. Bei Ausgrabungsarbeiten in Roseldorf wurden bereits fünf keltische Heiligtümer entdeckt, das ist in ganz

Grabhügel (Tumulus bei Großmugl, Niederösterreich) – seit der Eisenzeit liegt er unverändert da.

Europa einmalig. Im September 2013 fand man dort außerdem ein vollständiges menschliches Skelett, dessen Alter auf etwa 2.300 Jahre geschätzt wird.

Zwischen 230 v. Chr. und 30 n. Chr. wurden hier Gold- und Silbermünzen geprägt. Die vermutete keltische Prägeanstalt diente gleichzeitig der Fälschung von Münzen – und zwar der eigenen. Schon die frühen wissenschaftlichen Ausgrabungen im Jahr 2001 brachten zehn Stücke ans Licht, eine Goldmünze, acht kleine Silbermünzen sowie eine halbe Bronzemünze. Hatte man solche Keltenmünzen aus dem Donaugebiet bislang auf ca. 50 v. Chr. datiert, so legten nun Vergleiche den Umlauf des Kleinsilbers schon um 100 v. Chr. nahe. Das Münzwesen der Kelten basiert von Beginn an auf der Nachahmung griechischer Vorbilder. Später entstanden wilde Entstellungen und inspirierende Nachbildungen, Umdeutungen und zuletzt ganz eigenständige Gestaltungen.

4 Grenzgebiet einer Hochkultur
Die Römer in Wien

Die Römerzeit Niederösterreichs währte vier Jahrhunderte und war auf den Raum südlich der Donau begrenzt. Wesentlich für die Ortsgeschichte sind das gewaltige Militärlager Carnuntum etwas weiter im Osten, dem auch eine große Zivilstadt angegliedert war, sowie das kleinere Lager Vindobona auf dem Gebiet eines Teils der Inneren Stadt (1. Bezirk), beide in der Provinz Pannonia, in deren Westen die Provinz Noricum lag. Der Donaulimes schirmte das Reich im Norden gegen die Markomannen und Quaden ab. Er wurde mit einer Kette von Kastellen gesichert, an deren Stellen später Städte entstanden.

Für die Römerzeit war also Wiens Lage an der Donau bestimmend, die zugleich wichtigste Transportstraße für den Güterverkehr und Reichsgrenze war, und auch wenn hier in der Jungsteinzeit die ersten niedergelassenen Kulturen nicht mit so zahlreichen Hinterlassenschaften hervorgetreten sind wie z. B. in Hallstatt oder Baden, scheint diese Gegend mit ihren vielfältigen landschaftlichen Gegebenheiten (Berge, Flüsse, Ebene, Handelswege) für die ersten Siedler doch den Reiz des Zweckmäßigen gehabt zu haben.

Im ersten Jahrhundert vor Christus siedelte im Wiener Raum der keltische Stamm der Boier, der nach einer Niederlage gegen die Daker zum Teil abwanderte. So kam es zu einer Siedlungsverdünnung. 15 v. Chr. fiel das Königreich Noricum ans Römische Reich. Nun wurden die Provinzen neu gegliedert, dabei wurde Pannonien, wo die große Römerstadt Carnuntum lag, nach Westen bis zum Wienerwald ausgedehnt. Archäologische Funde aus dem 3. und dem 10. Bezirk erlauben die Erforschung dieser Zeit.

Die Jahre von 69 bis 96 n. Chr. waren von den flavischen Herrschern geprägt. In dieser Zeit wurde der Limes ausgebaut, in Vindobona stationierte man eine tausend Mann starke Reitertruppe, die zuvor in Britannien gelegen hatte – daher ihr Name „Ala Britannica". Der genaue Lagerstandort ist nicht ganz klar, allerdings wurden bei der Stallburg drei Grabsteine aus dieser Zeit gefunden. Vindobona wurde damit neben Carnuntum zum wichtigsten Garnisonsstandort im Westen Pannoniens.

In diese Zeit fällt der Anfang der Besiedlung der späteren Innenstadt. Im heutigen 3. Bezirk entwickelte sich eine zivile Siedlung und die römische Herrschaft festigte sich. In der zweiten Hälfte des 1. Jahrhunderts wurden entscheidende Grundlagen für die spätere Entwicklung gelegt. Auch unter Kaiser Trajan, der von 98 bis 117 n. Chr. regierte, gehörte der Schutz der Reichsgrenzen zu den wichtigsten Aufgaben. In Vindobona rückte die 10. Legion ein – bis zum Ende der Römerherrschaft sollte sie hier das Hausregiment behalten.

Reste aus dem römischen Wien mit gebrannten Bodenfliesen.

Das römische Militärlager in Wien war in Steinbauweise errichtet und ist bis heute im Straßenbild der Inneren Stadt sichtbar. Es verlief vom Graben über die Naglergasse und den Tiefen Graben an der Front des Donaukanals oberhalb des Salzgries, weiter über die Rotgasse und die Kramergasse. Die Ziegelsteine kamen aus einer Ziegelei im heutigen 17. Bezirk. Die Innenbauten und inneren Straßenzüge dieses Lagers wurden im Mittelalter überbaut und sind deshalb aus dem Stadtbild verschwunden, allein die äußere Form ist noch erkennbar. Das Südtor des Lagers an der Ecke Tuchlauben/Graben, wurde im Mittelalter mit dem Namen „Peilertor" weitergenutzt.

In den Jahren 167 bis 180 n. Chr. wurde die Situation unter Kaiser Marc Aurel schwieriger, denn nun tobten die Markomannenkriege und das spätrömische Imperium bekam unter dem Ansturm unzufriedener Völker deutliche Risse. Eine gut dokumentierte Brandschicht aus dem Anfang des 5. Jahrhunderts belegt eine Katastrophe in dieser Zeit. Im Jahr 433 n. Chr. fiel Pannonien den Hunnen zu. Es sollte noch lange dauern, bis der Ort seinen heutigen Namen erhielt, der älteste erhaltene Beleg dafür stammt aus dem Jahr 881, wo ein Ort mit „ad Uueniam" bezeichnet ist – bei Wenia.

5 Wiens älteste Kirchen
Ruprechtskirche und Virgilkapelle

Bereits 1622 war sie baufällig: Wenn man die Ruprechtskirche seinerzeit nicht wiederhergestellt hätte, wäre sie vermutlich in den nachfolgenden Jahrzehnten zugrunde gegangen. Wenn man sie heute immer noch als ein besonderes Stück vom alten Wien besuchen und sogar besichtigen kann, verdanken wir das jenen Menschen, die damals ihre Bedeutung für diese Stadt erkannt haben.

Heute ist die Ruprechtskirche die älteste in ihrer Grundsubstanz erhaltene Kirche Wiens. Da sie dem heiligen Rupert geweiht ist, dem Schutzpatron der Salzschiffer und Salzburgs, geht man von einer Salzburger Gründung aus. Übrigens hatte die Ruprechtskirche früher auch eine wichtige Funktion für den Salzvertrieb, denn hier handelte das Salzamt mit den Einzelhändlern. Die Bezeichnungen Salzgasse, Salzgries, Salztorgasse und Salztorbrücke erinnern noch daran.

Man datiert die Gründung der Ruprechtskirche auf die Zeit um 800, die Legende verweist auf das Jahr 740. Genau kann man das nicht feststellen, weil die Kirche erst im Jahr 1200 urkundlich erwähnt wird. In diesem Dokument, das sich auf eine Schenkung Herzog Heinrichs II. Jasomirgott an das Schottenstift bezieht, wird die Ruprechtskirche, die Teil dieser Schenkung war, als die älteste Kirche Wiens bezeichnet. Tatsächlich war aber die erste Peterskirche Wiens älteste Kirche. Sie wich im Barock einem zeitgemäßen Neubau.

An der Stelle der Ruprechtskirche befand sich früher das römische Militärlager. Hier, in diesem Bereich, entwickelte sich nach der Zerstörung der römischen Siedlung das spätere Wien, und bis zum Jahr 1147 war die Ruprechtskirche die Pfarre von Wien. Erst danach ging dies an den Stephansdom über.

Ganz so wie im Mittelalter zeigt sich die Ruprechtskirche heute allerdings nicht, sie wurde mehrfach verändert und umgebaut, und die ältesten heute noch erhaltenen Teile sind weitaus jünger als die Kirche selbst. Das Hauptschiff mit der Empore und die unteren Turmgeschosse wurden im frühen 12. Jahrhundert errichtet. Nach einem verheerenden Großbrand im Jahr 1276, dem große Teile Wiens zum Opfer fielen, wurde die ebenfalls beschädigte Ruprechtskirche im gotischen Stil erneuert, dabei wurde der Turm um eine Etage erhöht. Das gotische Seitenschiff, das sich an der rechten Seite des Langhauses befindet, stammt vermutlich aus der Mitte des 14. Jahrhunderts, wie auch die drei spitzbogigen Arkaden in der Südwand des Hauptschiffes. An Kaiser Friedrich III. erinnert eine Inschrift mit seinem Wahlspruch A.E.I.O.U. und der Jahreszahl 1439, das Jahr, in dem er Herzog von Österreich wurde. 1622 war die Ruprechtskirche in einem sehr baufälligen Zustand, der Beamte des Salzamts Georg Nagl erwirkte ihre Wiederherstellung. In den Jahren 1701 bis 1703 erfolgten Reparaturen.

Stolz erhebt sich die Ruprechtskirche, die hier einst ein hohes Gebäude war. Längst wurde sie von den Stadtbauten überwachsen.

Doch auch unter der Erde gibt es einen interessanten historischen Sakralbau zu entdecken, auch wenn dessen Westwand leider dem Bau der U-Bahn-Station Stephansplatz geopfert wurde. Hier befindet sich, zwölf Meter unter Bodenniveau, die Virgilkapelle. Sie ist von der U-Bahn-Station aus zugänglich. Wer sich dafür nicht die Zeit nehmen will, der kann durch eine Glaswand einen Blick hineinwerfen und dabei das byzantinische Radkreuz betrachten, das sich an einer ihrer Wände befindet. Einst war diese rechteckige Krypta mit ihren sechs Nischen nur von oben über Leitern zugänglich, zu der Zeit, als sich darüber die kleine Maria-Magdalenen-Kapelle befand, die auf dem seinerzeit hier vorhandenen Friedhof, dem Stephansfreythof, für Einsegnungen verwendet wurde.

Krypta und Kapelle werden dem frühen 13. Jahrhundert zugeordnet, als der Babenberger Friedrich der Streitbare regierte. Weitere Klärung bringt die Ausrichtung der Achsen dieses Gebäudes nach dem Sonnenstand am Namenstag des heiligen Koloman. Die einst hier befindliche Kapelle kann auch von einer bürgerlichen Familie verwendet worden sein, sie wurde im Jahr 1781 abgebrochen und die Virgilkapelle wurde zugeschüttet. Erst 1972 entdeckte man sie im Zuge des U-Bahn-Baus wieder. Die einstige Kapelle ist auf dem Bodenpflaster des Stephansplatzes deutlich hervorgehoben, damit man sich leicht vorstellen kann, wie sie hier, im Schatten des benachbarten gewaltigen Kirchenbaus, ausgesehen haben mag.

6 Reformen und Infrastruktur
Die Babenberger in Wien

Nach dem Ende der Römerherrschaft gehörte der Wiener Raum zunächst keinem stabilen Staatsgefüge an und war durchziehenden Stämmen daher recht schutzlos ausgeliefert. Vorbei die Zeiten, als hier starke Truppenverbände stationiert waren, die jeden Angriff aussichtslos erscheinen ließen.

In wechselnder Folge ließen sich in Wien Hunnen, Langobarden, Slawen und Awaren nieder, doch nicht alle begannen eine richtige Siedlungstätigkeit. Nur die Slawen wurden hier wirklich ortsfest, was vor allem in geographischen Bezeichnungen slawischen Ursprungs seinen Niederschlag fand: Liesing und Rodaun gehen ebenso auf slawische Begriffe zurück wie Lainz, Währing und Döbling. Damit zog Wien in derselben Entwicklung mit, die zu dieser Zeit auch weite Teile Niederösterreichs prägte. Auch wenn die Awaren eher als nomadisierende Angehörige der Herrscherschicht angesehen werden, zu der man eher nicht aufgrund awarischer Abstammung, sondern sozialen Aufstiegs gehörte, so wurden doch auch awarische Gräberfelder entdeckt, die eine Besiedlung auch durch Awaren nahelegen.

Von Karl dem Großen wurden die Awaren Ende des 8. Jahrhunderts bis zum Wienerwald zurückgedrängt. Wien, das unter der Awarenherrschaft in zwei Teile zerfallen war (Zwingstadt und Reststadt), wurde vereinigt, der gemeinsame Marktplatz befand sich auf dem heutigen Hohen Markt. Die später eingefallenen Magyaren ließen die Infrastruktur und die Besitzungen der Baiern weitgehend intakt und beließen es bei ihrer militärischen Präsenz. 955 kam es unter dem Deutschen König Otto I. zur Schlacht auf dem Lechfeld, nun gingen die Liudolfinger an die Rückeroberung der östlichen Reichsteile und schoben die Magyaren nach Osten, wo sie sich niederließen und christlich wurden. Otto I. setzte als Lehensmann für die 970 entstandene Ottonische Mark (Ostmark) zunächst Burchard und schließlich im Jahr 976 Luitpold ein, der als Markgraf Leopold I. das Herrschergeschlecht der Babenberger begründete. Die Babenberger förderten die politische und strukturelle Entwicklung ihres Herrschaftsgebiets sehr. Unter ihnen entwickelte sich Ostarrîchi, wie es 996 urkundlich genannt wird, zum Kern des österreichischen Imperiums. Noch immer war es eine umstrittene Grenzregion des Franken- bzw. Römisch-Deutschen Reiches. Heinrich Jasomirgott verlegte das Herrschaftszentrum nach Wien, 1156 wurde Österreich zum Herzogtum erhoben (Privilegium minus). Unter den Babenbergern wandelte sich das umkämpfte Grenzland am Reichsrand zu einem geschlossenen Herrschaftsgebiet.

Bis ins 10. Jahrhundert hatte Ungarn im Wiener Bereich eine starke Position, von Westen her machte sich die Ausstrahlung des bayrisch-deutschen Machtraums bemerkbar, die sich in Klostergründungen und Kolonisation niederschlug. Wien

Reste der alten Stadtmauer sind noch im Bereich der U-Bahn-Station Stubentor zu sehen.

lag in einem geographischen Bereich, der sich zur Nahtstelle zwischen den Machtblöcken entwickelte. Dabei verschob sich der Herrschaftsschwerpunkt der Babenberger nach Osten: von Melk über Gars am Kamp, Tulln und Klosterneuburg nach Wien. Im Jahr 1002 befanden sie sich südlich des Stadtgebiets, im 12. Jahrhundert waren sie im Wiener Raum verstärkt präsent.

Im Tauschvertrag von Mautern konnte sich der Babenberger Leopold IV. im Jahr 1137 wichtige Teile des Wiener Gebietes sichern. Diese Entwicklung ist wesentlich, weil sie den Beginn der Stadtwerdung Wiens und zugleich den Beginn des Landes Österreich markiert.

Vom Einfluss der Babenberger zeugen viele Spuren im Stadtbild. Mit dem Lösegeld, das man für die Freilassung des englischen Königs Richard Löwenherz erhalten hatte, finanzierten die Babenberger die Einebnung des Grabens und den Bau der Stadtmauer, die erst im 19. Jahrhundert für den Bau der Ringstraße abgebrochen wurde. Im Bereich der U-Bahn-Station Stubentor kann man davon noch größere Reste sehen. Schon 1221 bekam Wien das (älteste) Stadtrecht, kurz darauf entstand das Wiener Stadtsiegel. Um 1224 beriefen die Babenberger Minoriten nach Wien, 1226 die Dominikaner. Aus dieser Zeit stammen auch die Erwähnungen der ältesten Gebäude der Stadt sowie einzelner Vorstädte, so etwa vor 1200 St. Niklas vor dem Stubentor, im Jahr 1208 das Heiligengeistspital vor dem Kärntnertor und das Maria-Magdalena-Kloster vor dem Schottentor und im Jahr 1211 Wieden.

7 Von der Ortskirche zum Landessymbol
Stephansdom und Pummerin

Zu den wesentlichen Identifikationssymbolen Österreichs gehört – neben dem Kaiserhaus und dem Donauwalzer – der Stephansdom, der ein halbes Jahrhundert lang das höchste Gebäude Europas war. Bisher hatte man ihm diesen Rekord nur für wenige Jahre zugestanden, weil er alsbald vom Straßburger Münster überragt worden sei. Dessen Nordturm wurde jedoch nicht schon 1439 fertiggestellt, sondern erst um 1491.

Der Stephansdom sollte ursprünglich zwei Türme erhalten, allerdings wurde nur sein Südturm errichtet. Im Zweiten Weltkrieg wurde er schwer beschädigt; die darauffolgende gemeinschaftliche Aktion der österreichischen Bundesländer stärkte das Zusammengehörigkeitsgefühl der Österreicher wie kaum ein anderes Ereignis der Geschichte. Die Anreise der 1951 als Geschenk des Landes Oberösterreich neu gegossenen Großglocke, genannt „Pummerin", wurde zum sentimentalen Großereignis, dem sich hier wohl niemand entziehen konnte. Ihre Vorgängerin, die „Josephinische Glocke", stammte aus dem Jahr 1711 und war aus 180 zurückgelassenen türkischen Geschützen gegossen worden. Ihr Ton lag etwa einen Halbton unter dem der heutigen Glocke, soll aber nicht so schön gewesen sein. Man setzte sie 1867 aufgrund starker Schwankungen im Turm außer Betrieb und ließ sie nur noch zu seltenen Anlässen erklingen. Beim Brand des Stephansdomes am Ende des Zweiten Weltkriegs stürzte sie ab und zerschellte. Zuvor hatte hier eine Glocke aus dem Jahr 1558 ihren Dienst versehen und war nach 150 Jahren schadhaft geworden. Für die neue Glocke hat man das geborgene Material der alten Pummerin sowie weiterer zerstörter Glocken verwendet und mit Bronze der Glockengießerei ergänzt.

Die Pummerin wird regelmäßig zu verschiedenen Terminen im Jahr geläutet, am bekanntesten ist sicher ihr Einsatz in der Neujahrsnacht, gefolgt vom Donauwalzer, was beides über den Rundfunk in alle Welt verbreitet wird. Außerdem ertönt sie zu besonderen Anlässen.

Der Stephansdom wurde zwar schon, auf passauische Initiative, 1147 geweiht, und zwar bei Gelegenheit des Kreuzzugs des Deutschen Königs Konrad III., er erhielt seine heutige Form jedoch erst deutlich später. Seiner Stiftung war der Bedarf an einer neuen Pfarrkirche aufgrund steigender Einwohnerzahlen vorausgegangen, allerdings war der kleine Erstbau zur damaligen Zeit für Wien deutlich überdimensioniert. Als Bauplatz wählte man den Winkel zwischen dem alten Römerlager und der im 11. Jahrhundert entstandenen Vorstadt vor dem Ungartor im Bereich der Bäckerstraße und Sonnenfelsgasse. Hier entstand nun ein neues Zentrum für die aufstrebende Stadt.

Im Jahr 1263 wurde der 1230 begonnene und 1258 bei einem Brand teilweise zerstörte zweite Bau geweiht. Im Zuge dieser Erweiterung hatte man die Westempore errichtet, 1260 die Heidentürme erhöht und das Riesentor geschaffen. Um den Dombau und insbesondere den unvollendeten zweiten Turm ranken sich Legenden.

Der Bau des Südturms wurde erst unter Rudolf dem Stifter im Jahr 1359 begonnen. Dieser Turm hatte 1407 die Höhe des Kirchendachs erreicht, allerdings wichen die Baumeister deutlich von den Plänen ab, weshalb man einen Teil davon wieder abtrug. 1433 wurde der Turm vollendet, mit einer Höhe von 126 Metern erwies er sich als würdiges Wahrzeichen für Jahrhunderte. Übrigens befand sich noch während der zweiten Türkenbelagerung Wiens im Jahr 1683 die alte Turmbekrönung aus Sonne und Halbmond (als Symbole für die geistliche und die weltliche Macht) auf dem Turm. Sie wurde erst danach gegen ein von einem Doppeladler getragenes Doppelkreuz ausgetauscht. Seit 1700 gab es auf dem Südturm außerdem eine Turmuhr mit vier Zifferblättern, die im Zuge der Turmrestaurierung 1861 entfernt wurde. Der Stephansdom weist noch eine ganze Reihe weiterer Besonderheiten auf, die es zu entdecken gilt. Auch die unter ihm befindlichen Katakomben sind eine wichtige Sehenswürdigkeit Wiens. Für Biologen sind sie auch deshalb interessant, weil hier vor einiger Zeit eine bisher unbekannte Springschwanzart entdeckt worden ist, der Megalothorax sanctistephani, der bisher in keinem anderen Habitat nachgewiesen wurde.

Die „alte" Pummerin in einer historischen Darstellung.

8 Digitalkunst aus Italien
Der dunkle Zauber der Minoritenkirche

Wenn man sich in der U-Bahn-Station Herrengasse nicht nach der Seite wendet, die einen zum Michaelerplatz führt, sondern nach der anderen, gerät man dort abseits vom geschäftigen Treiben der Herrengasse in einen sehr stillen Winkel der Innenstadt, über dem sich die eigentümliche Silhouette der Minoritenkirche erhebt.

Die Minoritenkirche ist einer der wirklich charakteristischen Bauten der Stadt, dabei recht düster. Gerade wenn man sie von außen betrachtet, beschleicht einen stets eine etwas seltsame Stimmung. Dies liegt an der eigentümlichen Form des Daches, über der sich ein etwas abweisend gestalteter Turm in den Himmel hebt. Das alles ist in einem dunklen Erdton gehalten. Die Minoritenkirche gleicht keinem anderen Sakralbau in Wien, und in ihrem Inneren setzt sich die leicht befremdliche Stimmung fort.

Die Minoriten wurden bereits um 1224 nach Wien berufen, bis 1251 erbauten sie eine kleine spätromanische Kirche außerhalb der Stadtmauer. Der Bau dieser Kirche wurde nach 1300 begonnen und 1447 abgeschlossen. In ihrer Frühzeit hatte sie seitlich auch noch einen quadratischen Klosterbau, in dessen oberer Etage zeitweilig die kaiserliche Büchersammlung aufbewahrt wurde, bevor sie an einen anderen Ort verlegt wurde. In den Jahren von 1559 bis 1620 war die Minoritenkirche protestantisch, danach wurde sie im Zuge der Rekatholisierung gegenreformiert.

Das heutige Kirchengebäude wurde durch die erste und auch die zweite Türkenbelagerung in Mitleidenschaft gezogen, jedesmal brach eine türkische Kugel den obersten Teil des Turmes herunter, dazwischen hatte man den Turm 1633 wiederaufgebaut. Nach der zweiten Beschießung ersetzte man das zerstörte Helmdach durch ein Flachdach. Erst 1761 wurde das heutige, seltsam geformte Zeltdach gebaut. 1784 wurde die Kirche durch den Reformkaiser Joseph II., der im Rahmen seiner Säkularisierungspolitik zahlreiche Klöster auflöste, an die italienische Kongregation Maria Schnee übergeben, die diese Kirche bis heute verwaltet.

Was den Besuch dieser Kirche auch für Kunstliebhaber zu einem einmaligen Höhepunkt macht, ist zweifellos die darin befindliche „Digitalversion" des berühmten Gemäldes mit dem Heiligen Abendmahl, das Leonardo da Vinci gemalt hat. Diese Kopie besteht aus zahllosen winzigen Mosaiksteinchen, mit denen die feinsten Details, Schattierungen und Farbverläufe der bedeutenden Vorlage absolut originalgetreu wiedergegeben wurden. Diese Kopie wurde von 1806 bis 1814 von Giacomo Raffaeli im Auftrag Napoleons I. angefertigt. Napoleon beabsichtigte, das Original aus Mailand nach Paris zu holen und durch die Kopie zu ersetzen. Zum großen Glück für Mailand und Wien wurde aus diesem

Die Minoritenkirche ist aufgrund ihrer eigenartigen Form eine Besonderheit unter Wiens Kirchen.

Plan nichts, nach Napoleons Sturz wurde das großartige Werk von Kaiser Franz I. für Wien erworben. Eigentlich sollte es im Palais Belvedere montiert werden, da es sich aber dafür als zu groß erwies, kam es schließlich in die Minoritenkirche – was ja auch sehr passend ist, weil es sich bei dem Minoritenorden um eine Gemeinschaft italienischen Ursprungs handelt.

Gegenüber dem fortwährend natürlichen Zerfallsprozessen ausgelieferten Original ist die Kopie in jeder Hinsicht im Vorteil: Alles bleibt, wie es ist, weder Sauerstoff noch UV-Licht können dem Bild etwas anhaben. Zur Reinigung kann man es einfach mit einem feuchten Fensterleder abwischen. Beim Original plagten sich die Restauratoren durch die Jahrhunderte, erst seit 1999 gelten die Zerfallsprozesse als angehalten, und das nach 20 Jahren intensiver Arbeit. Denn aus technischen Gründen war das Gemälde schon zu Zeiten Leonardos ein Reparaturfall: Organische Farben, in Öltechnik vermalt, dazu die Feuchtigkeit der Mauer – all dies führte zu schweren Schäden in Form feiner Risse, bald blätterte großflächig die Farbe ab. Und durch den Einbau einer Tür wurde der Teil mit den Füßen des Heilands vernichtet.

Während der Besatzung Mailands durch die Truppen Napoleons wurde das Refektorium, in dem sich das Gemälde befindet, als Pferdestall benutzt. Bei einem Bombenangriff im Jahr 1943, der die Südwand des Refektoriums zum Einsturz brachte, blieb das wertvolle Gemälde unbeschädigt, weil man es mit Sandsäcken geschützt hatte.

9 Wo Habsburger heirateten
Die Augustinerkirche

Keine andere Plastik in ganz Wien, vielleicht nicht einmal in ganz Österreich, kann es nach Form und Inhaltstiefe mit der im Jahr 1800 begonnenen und 1805 vollendeten Pietà-Gruppe des Bildhauers Antonio Canova aufnehmen, die man bis heute in der Augustinerkirche am Josefsplatz bewundern kann.

Canova galt als der größte Bildhauer seiner Zeit. Bei ihm gab Herzog Albert von Sachsen-Teschen jene Figurengruppe in Auftrag, die einmal als das Hauptwerk der klassizistischen Plastik in die europäische Kunstgeschichte eingehen sollte. Der trauernde Witwer errichtete damit seiner 1798 früh verstorbenen Gemahlin, der Erzherzogin Maria Christina, ein Denkmal für die Ewigkeit. Maria Christina war eine Tochter der Kaiserin Maria Theresia, es war eine Liebesheirat.

Die Plastik stellt ein Tor dar, durch das die Tugend schreitet, gefolgt von einem Blinden, der von der Wohltat geführt wird. Unvergleichlich ist auch der Löwe, dem zu kämpfen nicht im Sinn liegt, obwohl er noch immer Macht und Kraft ausstrahlt. Die erhabene Stille und fühlbare Trauer dieser Gruppe bleibt jedem unvergessen, der einige Minuten offenen Sinnes davorgestanden hat. In der Darstellung werden christliche Symbole vermieden, stattdessen gibt es Bezüge zur Freimaurerei. Die Canova-Gruppe stellt, im Geist der Aufklärung abgelöst von verengter Bildsprache, ewig gültige Symbole der Trauer dar. Sie ist damit für jeden „lesbar".

Die Augustinerkirche befindet sich auf der linken Seite des Josefsplatzes, der seiner geschlossenen, reinen Gestaltung wegen als der schönste Platz von Wien bezeichnet wird. In der Mitte steht ein Reiterstandbild Josephs II. in der Manier des bekannten Reiterstandbilds Marc Aurels. Der Platz ist klassizistisch verbaut, weshalb man den ursprünglichen Eingangsbereich der gotischen Kirche nicht mehr sehen kann. Man tritt klassizistisch ein und befindet sich unversehens im gotischen Langschiff. Diese Kirche hat für Wien eine ganz besondere Bedeutung, denn sie wurde von den Habsburgern als Hochzeitskirche genutzt.

Gestiftet hat sie Herzog Friedrich der Schöne 1327, von 1330 bis 1339 entstand ein schlichter gotischer Hallenbau, doch erst im Jahr 1349 wurde die Kirche geweiht. Ab 1634 wurde sie als Hofpfarrkirche genutzt, der Turm wurde 1652 errichtet. Unter Joseph II. wurde das Gotteshaus vom Oberhofarchitekten Johann Ferdinand Hetzendorf von Hohenberg in den Jahren 1784/85 regotisiert: Die barocke Einrichtung, die man der Kirche zwischenzeitlich hatte zuteil werden lassen, wurde entfernt, die alte gotische Einrichtung wiederhergestellt. Etwas drastischer ausgedrückt: Im Zuge des Rückbaus brach man 18 Seitenaltäre aus der Zeit von 1630 bis 1780 heraus.

Die Augustinerkirche verschwindet fast völlig hinter Fassaden, sie lohnt aber den Besuch wegen ihrer interessanten Geschichte und Ausstattung.

In der Augustinerkirche fanden die Thronfeiern des Kaiserhauses sowie Hoftrauungen statt. So wurde hier im Jahr 1810 die Erzherzogin Marie Louise mit Napoleon I. vermählt, der allerdings selbst nicht anwesend war, sondern ausgerechnet von seinem Gegner, dem Erzherzog Karl, vertreten wurde. 1854 gaben sich hier Franz und Sisi das Jawort, und 1881 heiratete Kronprinz Rudolf aus Staatsraison seine entfernte Tante Stefanie von Belgien (Leopold II. war ihr Urgroßvater und Rudolfs Ururgroßvater gewesen). Weitere besondere Hochzeiten, die in der Augustinerkirche stattfanden, waren die der Erzherzogin Maria Theresia mit Franz von Lothringen im Jahr 1736 sowie die ihrer Tochter, der Erzherzogin Marie Antoinette mit dem späteren König Ludwig XVI. (Stellvertreterhochzeit 1770). Beide Frauen schrieben Weltgeschichte. Auch Joseph II. und Isabella von Bourbon-Parma gaben sich hier das Jawort. Ab 1729, dem Jahr, als die Erzdiözese Wien eingerichtet wurde, kleidete man in der Augustinerkirche die neuen Erzbischöfe ein.

Zugleich ist die Augustinerkirche auch eine der Begräbnisstätten der Habsburger, denn sie beherbergt die berühmte Herzgruft. In 54 kleinen Silberurnen werden hier die Herzen der Habsburger verwahrt – von Ferdinand III. bis zu Erzherzog Franz Karl. Damit wurde einer uralten habsburgischen Bestattungstradition Genüge getan, die Eingeweide befinden sich in der Gruft von Sankt Stephan, die Körper wurden in der Kapuzinergruft zur letzten Ruhe gebettet.

10 Die führende Dynastie Europas
Die Habsburger und Wien

Wien verdankt viele seiner typischen Merkmale der langen Regierungszeit der Habsburger: seine bis heute spürbare kleinbürgerliche Prägung ebenso wie seine ambivalente Beziehung zu den anderen Ländern Österreichs, seine Funktion als diplomatische Drehscheibe Europas und der Welt, seine Prachtbauten, deren Prunk bis in den Fassadenschmuck gründerzeitlicher Wohnhäuser strahlt, nicht zuletzt seine Paläste, Palais und Kirchen – vor allem aber jenes k.u.k.-Erbe, dessen patinierter Glanz sich unversehens auf jede Wien-Reise und jeden Spaziergang durch die inneren Bezirke legt.

Der Grund, warum die ersten Habsburger gerade hier ihr Quartier aufgeschlagen haben, liegt in der Entwicklung Wiens unter den Babenbergern begründet, die zu ihrer Zeit das politische Zentrum immer weiter nach Osten verlegt hatten. Und auch wenn Wien wie keine andere Stadt vom Habsburger-Flair durchzogen wird: Wann immer es kritisch wurde, verließ der Kaiserhof die Stadt. Wien seinerseits war über das Ende der Monarchie auch nicht traurig. Was im neuen Staat nicht weiter betrieben werden konnte (wie die Hofbibliothek), wurde umgewidmet oder touristisch genutzt.

In Wiens Innenstadt gibt es alle paar Schritte eine Habsburger-Reminiszenz, und die großen Sehenswürdigkeiten wie Schönbrunn, Hofburg oder Schatzkammer stehen in jedem Reiseführer. Umso wichtiger ist es, sich vorher ein wenig einzulesen. Einige Empfehlungen finden Sie hier.

Der Stephansdom erhielt seine gotische Gestalt erst im 14. Jahrhundert unter den Habsburgern. Hier befindet sich die Grablege Kaiser Friedrichs III. (Apostelchor) und Herzog Rudolfs des Stifters (Herzogsgruft, wo sich auch 56 Urnen mit habsburgischen Eingeweiden befinden).

Die Augustinerkirche wurde bereits in einem eigenen Kapitel beschrieben, in ihrer Loretokapelle wurden die Herzen vieler Habsburger beigesetzt. Die Kapuzinergruft (Neuer Markt) ist die berühmte Familiengruft der Habsburger mit 149 Verstorbenen, was beim Besuch zur Stille gemahnen sollte. Maria Theresia sagte einst über diese Gruft: „Hier wird gut Ruhen sein“, die Wirklichkeit mit den Touristenströmen und der Korrosion der Särge sieht leider etwas anders aus. Hier kommen Sie den Habsburgern so nahe wie sonst nirgends.

Ein richtiges Konzentrat der Habsburger-Zeit bietet die Hofburg, die immer wieder für neue Generationen erweitert wurde. Das altösterreichische Machtzentrum enthält die berühmte Schatzkammer mit den Reichskleinodien (Karlskrone) und vielen weiteren Prunkstücken (den Burgunderschatz und angeblich sogar den Heiligen Gral), die Kaiserappartements, Silberkammer, Hofreitschule und vieles mehr. Die Winterreitschule wurde von 1729 bis 1735 von Joseph Emanuel

Fischer von Erlach erbaut. Die schönen weißen Lederhosen stammen übrigens vom Säcklermeister Alexander Profous in der Grünangergasse 12.

Hier lacht der Wien-Kenner: Ein Bild Kaiser Karls VI. hängt unter der Zuschauertribüne der Winterreitschule. Als Ehrerbietung grüßen die Reiter dieses Bild bei den Übungen – die Besucher applaudieren dann immer, weil sie denken, der Gruß gelte ihnen.

In der weitläufigen Neuen Burg befindet sich die Österreichische Nationalbibliothek. Ihr gegenüber sollte einst noch ein zweiter solcher Rundbau entstehen, zusammen mit den beiden sich anschließenden Museen hätte er ein gewaltiges Kaiserforum gebildet. Durch die Ereignisse ab 1914 kam es nicht mehr dazu. Der Burggarten wurde im Jahr 1818 für die kaiserliche Familie angelegt.

Ein gutes Stück entfernt, im 13. Bezirk, liegt der prächtige Barockpalast Schönbrunn, einst die Sommerresidenz der Habsburger, sozusagen ihr Landquartier draußen im Grünen. Hier ist alles viel weitläufiger, es schließt sich ein schöner Park an, es gibt einen Irrgarten, ein Palmenhaus und den Tiergarten; in der Gloriette am Ende des Parks kann man sehr schön Kaffee trinken. In Schönbrunn kann man die Kutschen der Habsburger besichtigen.

In der Andreasgasse 7 im 7. Bezirk gibt es eine ebenfalls nicht so bekannte Besichtigungsmöglichkeit, nämlich das Hofmobiliendepot. In diesem Möbelmuseum kann man genau die Tische, Stühle und anderen Stücke sehen, mit denen die Kaiserfamilie und ihr Hof gelebt haben. Nebenbei bekommt man dabei auch einen tiefen Einblick in die Möbelgeschichte.

Rudolf der Stifter, Statue im Rathauspark. Zu seiner Zeit ahnte niemand, welche bedeutende Dynastie er begründen würde.

11 Gotische Bildsäule, zweite Version

Die Spinnerin am Kreuz

Die Triester Straße teilt das Schicksal alter städtischer Ausfallstraßen: Wenn ihnen ein Dasein als villenbespickte Allee versagt bleibt, wachsen sie zu und verwandeln sich zur grauen Betonwüste. Trotzdem gibt es einen sehr guten Grund, sich einen Besuch dieser Straße anzutun, denn dort steht, malerisch eingerahmt von gesichts- und herzlosen architektonischen Fehlgriffen, die Spinnerin am Kreuz.

Wer sich für sie interessiert, sollte sich aus zwei Gründen auch die Spinnerin am Kreuz in Wiener Neustadt ansehen, denn erstens ist sie von einem reizvollen Park umgeben und zweitens wurde sie 1380 von Michael Knab errichtet und gibt damit eine ungefähre Vorstellung davon, wie das Vorgängermodell in Wien-Favoriten, seinerseits 1375 von Michael Knab errichtet, ausgesehen haben mag. Übrigens hieß die Triester Straße vormals Neustädter Straße und es ist sicher kein Zufall, wenn diese Straße an beiden Enden, jeweils kurz vor der Stadt, so eine Bildsäule besaß. Die Wiener Neustädter Spinnerin am Kreuz gilt als die schönste gotische Wegsäule des deutschen Kunstraums. Sie ist 21 Meter hoch. Ihr Pendant vor Wien wurde von den Ungarn zerstört (siehe Kapitel 12).

Lediglich 16 Meter hoch ist die neuere Bildsäule an der Triester Straße, sie ist die berühmteste im Freien stehende gotische Bildsäule Wiens. Um ihre Entstehung rankt sich eine der bekanntesten Sagen Wiens: In der Nähe eines hier stehenden Kreuzes wartete jahrelang eine Frau auf die Rückkehr ihres als Kreuzfahrer ins Heilige Land gezogenen Mannes, dabei sponn sie, und das gab ihr den Namen. Dieser übertrug sich dann auf die hier errichtete Bildsäule. In der Sage vermischen sich demütige Schicksalsergebenheit mit unverbrüchlicher ehelicher Treue und geduldiger Liebe. Dem Vernehmen nach hat die Frau ihren Mann nach einigen Jahren wirklich wiederbekommen. Ob die Säule aber der spinnenden Frau zu Ehren oder gar auf ihre eigene Veranlassung errichtet wurde, verbleibt im Nebel der Geschichte. Die jetzige Bildsäule wurde in den Jahren 1451/52 nach Entwürfen des Dombaumeisters Hans Puchsbaum anstelle der zerstörten älteren Säule gefertigt. Auf ihr sind Szenen aus dem Leidensweg Christi dargestellt.

Die ältere Säule hatte einen konkreten politischen Hintergrund, sie geht auf die Länderteilung des habsburgischen Herzogs Leopold III. mit seinem Bruder, Herzog Albrecht III., zurück und wurde im Jahr 1375 von Michael Knab errichtet. 1446 wurde sie zu Beginn der Ungarnkriege bei einem Einfall Mátyás Hunyadis, besser bekannt unter dem Namen Matthias Corvinus, zerstört.

Doch die Spinnerin am Kreuz war in ihrer Geschichte kaum nur das hübsche Ausflugsziel, als das es in der Romantik entdeckt wurde und dem heute die liebliche, naturnahe Umgebung abgeht, der sie früher ihre Schönheit verdankte.

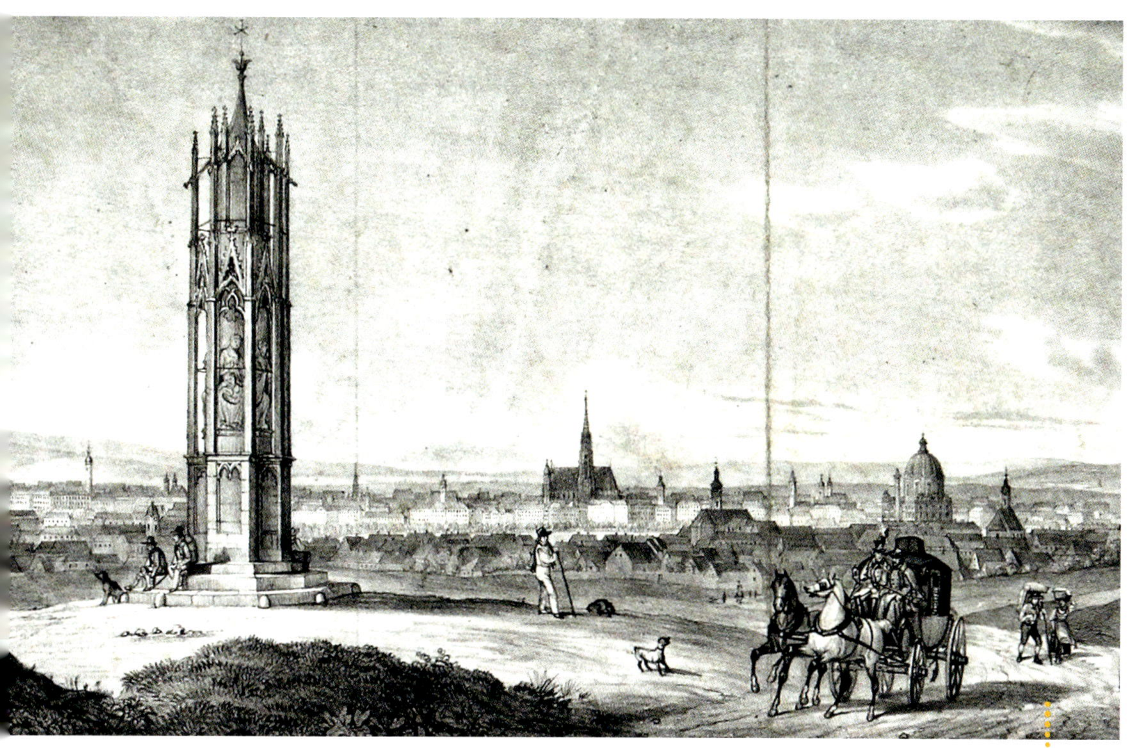

Eine der zahlreichen malerischen Darstellungen Wiens von der Spinnerin am Kreuz aus. Längst wurde die gotische Bildsäule vom Häusermeer umspült.

Denn bis 1868 fanden in der Umgebung der Spinnerin am Kreuz öffentliche Hinrichtungen statt. Die verschiedenen Richtstätten auf dem Wienerberg verteilen sich auf zwei Standorte im Bereich der Triester Straße: Ein kurzes Stück südöstlich von der Spinnerin am Kreuz befand sich das „Hochgericht am Wienerberg", auf einer Abbildung aus dem Jahr 1529 wurde die Bildsäule als „Bildseul beim gericht" bezeichnet. Und weiter stadteinwärts, östlich von der Triester Straße auf der Höhe der Davidgasse, gab es zunächst die „Reder an der straß". Diese Richtstätte wurde 1747 auf Veranlassung der Kaiserin Maria Theresia entfernt. Ab 1804 stand hier der „Neue Wiener Galgen".

Zu besonderen Spektakeln wurden an dieser Richtstätte zwei Hinrichtungen. Die erste in Wien am Galgen hingerichtete Frau war Theresia Kandl, die Hinrichtung wegen Gattenmordes fand am 16. März 1809 statt. Sie hatte ihren Mann, mit dem sie sich nicht vertrug, im Schlaf mit mehreren Beilhieben erschlagen. Die Verurteilte war jung und schön, die Parallele zu Estibaliz Carranza drängt sich geradezu auf. Die Kandlkapelle in Atzgersdorf erinnert bis heute an Theresia Kandl.

Severin von Jaroszynski wurde hier am 30. August 1827 wegen Raubmordes an Conrad Blank hingerichtet, er hatte Gelder unterschlagen und wollte sich mit seiner Untat sanieren. Da zu seinem Freundeskreis die berühmte Wiener Soubrette Therese Kromes gehörte, war der Besucherandrang bei seiner Hinrichtung besonders groß.

12 Geschickter Regent und Humanist
Der Rabenkönig Matthias Corvinus

Dieser ungarische Renaissancefürst war nicht nur gut für Wien. Seine Soldaten zerstörten die alte gotische Bildsäule „Spinnerin am Kreuz" und beschädigten den alten „rothen Turm", überhaupt verlief die Einnahme Wiens nicht ohne Auseinandersetzungen. Andererseits war dieser bibliophile, humanistisch gebildete Regent ein Förderer von Kunst, Kultur und Wissenschaft.

Die Ungarn besetzten Österreich in der Folge von Interventionen des Kaisers Friedrich III. in Böhmen und Ungarn. Dort war Mátyás Hunyadi (mit dem selbstgewählten Beinamen Corvinus) 1458 mit nur 15 Jahren zum König gewählt worden. Er wollte Ungarn mit Böhmen und Österreich vereinigen und führte deshalb Feldzüge gegen den böhmischen König und gegen die immer weiter nach Nordwesten vordringenden Osmanen. 1469 wurde er zum böhmischen Gegenkönig gewählt und ging Bündnisse mit den österreichischen Ständen gegen den Kaiser ein. Dem erklärte er schließlich 1477 den Krieg und rückte mit einem für die damalige Zeit sehr großen Heer von 17.000 Mann in die habsburgischen Erblande ein. Hier traf er den Kaiser in seinem eigenen Besitz. Matthias Corvinus eroberte diese Länder nicht wie ein Feind, sondern erwarb sich den Zuspruch vieler Städte zusätzlich zu dem der Stände. Der Kaiser hingegen zog sich nach Westen zurück. Wien wurde belagert und kapitulierte. Am 1. Juni 1485 zog der Sieger feierlich in die Stadt ein, nun nannte er sich Herzog von Österreich. Wien diente ihm als Residenz, von der aus er seine nächsten Kriegszüge plante. 1487 nahm er Wiener Neustadt ein.

Doch nur drei Jahre später starb der junge König in Wien mit erst 47 Jahren und hatte keinen Erben. Für Friedrich III. war nun der Weg frei, das Verlorene zurückzugewinnen. Sein Sohn Maximilian I., der „letzte Ritter", zog in Wien ein und holte zur Revanche gegen Ungarn aus. Damit schrieb er Weltgeschichte, denn einige Jahre später fiel ihm Ungarn zu und verblieb bis zum Ende der Monarchie im Wirkungsbereich der Habsburger. Allerdings machten sich gerade zwischen Ungarn und Österreich immer wieder Spannungen bemerkbar, beispielsweise kämpften ungarische Oppositionelle mit den Türken gemeinsam bei der Belagerung Wiens 1683.

Die Regentschaft des Matthias Corvinus hatte aufgrund seiner starken Hinwendung zur italienischen Renaissance und dem Humanismus kulturgeschichtliche Bedeutung. Seine zweite Frau war die neapolitanische Prinzessin Beatrix von Aragón, er unterhielt enge Beziehungen nach Florenz und zu den Medici. Die Wirkung der von ihm an seinem Hof versammelten Renaissancekünstler auf Wien und Ofen war immens. Zu ihrer Zeit stellte seine Bibliotheca Corviniana mit rund 5.000 Werken eine der wichtigsten Sammlungen von Werken aus Philosophie und Wissenschaft dar. Einzelne Bücher der Sammlung hatten über tausend Golddukaten gekostet. Matthias Corvinus war einer der maßgeblichen Vermittler der Renaissance in den Raum nördlich der Alpen. Seine Neigung zum guten Buch fand ihren Niederschlag in einer erklecklichen Anzahl sogenannter Corvinen, also mit kunstvoller Buchmalerei üppig ausgestatteter Handschriften, in denen sich immer wieder kleine schwarze Raben finden.

Über Matthias Corvinus ist unter anderem überliefert, er habe sich als Bettler oder Student verkleidet unters Volk gemischt, um sich über dessen Sorgen zu informieren. Zweifellos gehört er zu den herausragenden Menschen seiner Zeit, er verband entschiedene Expansionspolitik mit Mäzenatentum und Wissenschaftsvermittlung. Die Grundlage der Macht des ungarischen Rabenkönigs bestand in einem (damals neuartigen) Söldnerheer aus 8.000 bis 10.000 Mann. Diese „Schwarze Armee“ hatte nach dem Tod ihres Königs keinen Sold mehr erhalten und zog deshalb plündernd in den eroberten Gebieten umher, sehr zum Schaden der Landbevölkerung. 1494 wurden diese plündernden Reste der Armee zerschlagen.

Zum Wichtigsten, was Matthias Corvinus der Nachwelt hinterlassen hat, gehören zweifellos seine Bücher. Nach 1490 bestand seine wertvolle Bibliothek noch für einige Jahrzehnte, von einzelnen Entnahmen humanistischer Gelehrter abgesehen, doch wurde sie im 16. Jahrhundert im Zuge der Türkeneinfälle zerstreut und zum großen Teil zerstört. Es gibt heute weltweit noch ungefähr 220 Corvinen, ungefähr 40 besitzt die Österreichische Nationalbibliothek.

Matthias Corvinus in der Montur des handelnden Regenten.

13 Die Glaubensfreiheit und ihr Ende
Reformation und Gegenreformation

Gerade in Böhmen, Niederösterreich und Wien fiel die Reformation auf sehr fruchtbaren Boden, doch hat man nicht mit der unverbrüchlichen Treue der Habsburger zum Katholizismus gerechnet, dem sie ja die Legitimation ihrer Herrschaft verdankten.

Die Kirchenkritik hatte Ursachen in der fehlgeleiteten klerikalen Praxis jener Zeit und wurde mit stichhaltigen Argumenten vorgebracht, doch in Kirche und Politik ging es in erster Linie um Machterhalt. Befördert durch das Massenmedium des Buchdrucks, breitete sich die protestantische Lehre im Verlauf des 16. Jahrhunderts im gesamten Reich aus. Nach einigen kriegerischen Auseinandersetzungen wurde 1555 mit dem Augsburger Religionsfrieden ein Nebeneinander der Konfessionen ermöglicht.

Schon vor der Verbreitung von Luthers Thesen hatte es auch in Wien Kritik an der Praxis des Klerus gegeben, so etwa von Dr. Johannes Kaltenmarkter oder Philipp vom Turm. Der Wiener Bischof und die Universität standen 1520 für kurze Zeit auf der Seite Luthers, gaben jedoch nach. 1522 wurde im Stephansdom gegen die Klöster und das Zölibat gepredigt. Von 1519 bis 1522 wurden in einer Wiener Buchdruckerei 15 Schriften Luthers gedruckt, auch die niederösterreichischen Stände hielten zum Luthertum. Das erste Opfer der Protestantenverfolgung war Caspar Tauber, der ein eigenes Flugblatt hatte drucken lassen und dafür am 17. September 1524 hingerichtet wurde. Dr. Balthasar Hubmaier, der sich zum Wiedertäufertum bekannt hatte, folgte ihm am 10. März 1528 nach. Doch 1529 war ein anderes Problem wichtiger: die erste Türkenbelagerung.

Unterdessen breitete sich die Reformation immer weiter aus, bis weite Gegenden Niederösterreichs fast durchgehend evangelisch waren. Der Umgang Maximilians II., der Sympathien für den Protestantismus hegte, war pragmatisch: Er gestattete zwar den Adligen in Niederösterreich seine Ausübung und umgab sich selbst mit einigen bekannten Protestanten, hielt jedoch aus politischen und familiären Gründen offiziell an der katholischen Lehre fest. Wo man nicht evangelisch sein durfte, zog man in großen Gruppen zu den Gottesdiensten ins Umland (Auslaufen). In den 1560er- und 70er-Jahren sah es so aus, als würde sich der Protestantismus durchsetzen. Massenweise wandten sich die Menschen von der katholischen Konfession ab. Als jedoch der in Glaubensfragen liberal eingestellte Kaiser Maximilian II. 1573 verstarb, verloren die Protestanten seinen Schutz. Bald wurden die ersten Maßnahmen zur Rekatholisierung des Landes ergriffen. Hierfür setzte man 1578 einen Klosterrat ein. Ab 1577 waren öffentliche protestantische Gottesdienste in Wien wieder verboten, man wies Prediger aus und legte protestantische Schulen und Kirchen still. Schon 1579 brachte das evangelische Bürger auf die Straße, die in einer großen Menschenansammlung vor der Hofburg ihre Sturmpetition (Forderung eines Friedens mit den aufständischen Böhmen und religiöser Zugeständnisse) vorbrachten. Doch um ihre Sache stand es schlecht, denn der Stadtrat war überwiegend katholisch geblieben.

Ab dem frühen 17. Jahrhundert erhielt die protestantische Idee auch von Böhmen her Unterstützung: 1618 begann der Dreißigjährige Krieg, in dem die Habsburger entschieden für die katholische Sache eintraten. 1619 suchten die protestantischen Stände den Beistand des Königreichs Böhmen, indem sie der gegen Kaiser Ferdinand II. gerichteten Confoederatio Bohemica beitraten. Als die Protestanten in der Schlacht am Weißen Berg geschlagen wurden, hatte die gewaltsame Rekatholisierung freie Bahn. Wer nicht zum katholischen Glauben übertrat, wurde des Landes verwiesen. Erzherzog Ernst entfernte Protestanten aus Wiener Ämtern und ersetzte sie durch Katholiken. Die Wiener Universität wurde 1623 den Jesuiten unterstellt, im selben Jahr wurden das Wiener Bürgerrecht und städtische Funktionen auf Katholiken beschränkt, 1625 wies man alle Nichtkatholiken aus Wien aus. Durch die Rekatholisierung wurde die tolerante Zeit des Augsburger Religionsfriedens

Dr. Balthasar Hubmaier.

durch eine Epoche des Religions- und Gesinnungszwangs abgelöst. Der österreichische Protestantismus hat sich davon nie wieder richtig erholt.

Zwar brachte der Westfälische Friede 1648 auch eine Regelung konfessioneller Fragen, doch hatten die österreichischen Protestanten davon praktisch nichts. Adlige durften ihre Konfession im privaten Rahmen ausüben, ausländische Gesandtschaften in dafür bestimmten Räumlichkeiten. Die Toleranz war sehr beschränkt und ließ die protestantische Glaubenspraxis nur im Verborgenen zu. Als später der aufgeklärte Reformkaiser Joseph II. sein Toleranzpatent (1781) erließ, war der österreichische Protestantismus nahezu bedeutungslos.

14 Wo noch etwas von früher steht
Die Reste von Alt-Wien

In seiner vielhundertjährigen Geschichte wurde Wien immer wieder neu gebaut. Alte Gebäude wurden aus den verschiedensten Gründen durch neue ersetzt. Trotzdem ist es gar nicht schwierig, da und dort ein Stück vom richtig alten Wien zu sehen.

Das architektonisch wertvolle Palais Althan musste Mitte des 19. Jahrhunderts Wohnhäusern weichen. Das Gebäude, zu seiner Zeit eine der bedeutendsten Barockanlagen im deutschsprachigen Raum, war bei seiner Abtragung gerade einmal 110 Jahre alt. An der Stelle der imposant durch die Straße hervorlugenden Peterskirche stand einst eine kleine romanische Kirche, etwa mit der Ruprechtskirche vergleichbar. Auf dem Stephansplatz stand einst eine kleine Kapelle, heute erinnert nur noch ihre Kontur im Straßenpflaster daran, und nebenan in der schönen Einkaufsstraße Graben gibt es nur noch ein einziges Haus aus der Barockzeit, wogegen alle anderen Neubauten späterer Zeit sind. An der Stelle des Trattnerhofes steht beispielsweise ein großer Doppelklotz aus dem frühen 20. Jahrhundert, in der Sterngasse brach man noch im Jahr 1962 wertvolle gotische Häuser ab, und das Haas-Haus gegenüber dem Stephansdom stammt sogar aus unserer Zeit.

Wenn man sich jedoch beispielsweise in der Nachbarschaft der Ruprechtskirche umsieht, kann man noch ein Stück des alten Wiens in Form eines sehr alten Bürgerhauses entdecken. Besonders schönen Einblick in das alte Wien erlaubt auch die Blutgasse. Die Fundamente der Bebauung gehen bis ins Mittelalter zurück. 1368 und 1392 wurde die Straße noch Kotgässel genannt, später Kergässel, seit 1547 Blutgasse. Nach dem Zweiten Weltkrieg war die Gegend ziemlich desolat, erst in den 1960er-Jahren wurde sie revitalisiert, 1989 bis 1991 wurden die barocken Fassaden wiederhergestellt. Zur Singerstraße hin dominieren weitläufige, untereinander verbundene Gebäudekomplexe mit schönen Innenhöfen.

Jedes Haus in dieser Straße lohnt eine genauere Besichtigung. Nr. 1 (Trienter Hof) geht auf zwei mittelalterliche Häuser zurück. Nr. 2 (Domherrenhof) wurde von 1837 bis 1842 im spätklassizistischen Stil erbaut. Bei Nr. 3 handelt es sich um ein mittelalterliches Bürgerhaus, dessen Kern aus dem frühen 13. Jahrhundert stammt. Drei ältere Gebäude wurden zusammengenommen, von 1558 bis 1560 kam noch ein Hoftrakt hinzu, 1733 stockte man es auf und gestaltete die Fassade neu. Es weist ein Souterrainfenster aus Spätgotik oder Renaissance sowie ein steinernes Rundbogenportal und spätromanische Bausubstanz auf. Hier gibt es außerdem ein kreuzgratgewölbtes Foyer sowie eine Stichkappentonne. Nr. 4 (Rückseite des Deutschordenshauses) weist noch ein Stück Fassade aus dem ersten Viertel des 16. Jahrhunderts auf. Nr. 5 (Zur grünen Raith-Tafel) stammt aus dem Jahr 1819, enthält aber einen älteren Kern mit gewendelter Zweipfeilerstiege mit originalem Geländer. Im Keller gibt es Bruchsteinmauerwerk zu sehen, außerdem ist der Dachstuhl sehr alt. Nr. 7 und 9 (Großer und Kleiner Fähnrichshof) gehen ebenfalls bis ins Mittelalter zurück, angeblich besaßen hier die Templer einen Hof. 1534/35 wurden die Häuser vom benachbarten Zisterzienserinnenkloster abgetrennt und parzellenweise vermietet. Hier war einst der Versammlungsort der Bürgerkompanie des Kärntner Viertels. Ein Umbau erfolgte von 1702 bis 1703, eine Zusammenfassung von insgesamt sieben Häusern um einen großen Innenhof erfolgte 1819. Berühmte Bewohner waren Johannes Cuspinian und Wenzel Müller.

Auch die Bäckerstraße ist ein Beispiel für alte Wiener Bausubstanz „am Stück". Sie verläuft vom Lugeck über den Dr.-Ignaz-Seipel-Platz zum Dr.-Karl-Lueger-Platz. Hier gibt es hohe viergeschossige Bürgerhäuser mit mittelalterlicher Bausubstanz, Renaissance- sowie Wohnhäuser aus dem Barock und dem Historismus.

Eine weitere Straße mit alter Bebauung ist die Domgasse, sie wurde 1387 und 1422 als Hintere Schulstraße bezeichnet (in Abgrenzung zur Schulstraße, die heute Schulerstraße heißt). 1683 nannte man sie eines Hausschilds wegen Gässel beim roten Kreuz, 1701 Gässel dem grünen Anger zu, 1770 und 1848 Kleine Schulerstraße und seit 1862 Domgasse. Die Straße wird besonders wegen des hier gelegenen Mozarthauses viel besucht. Die Verbauung reicht im Kern ebenfalls bis ins Mittelalter zurück und enthält Gebäude der Renaissance, der Barockzeit, des Klassizismus, des Historismus und des Jugendstils.

Sogenannte Schwibbögen an historischen Stadthäusern, wie man sie häufig in engen Gassen mittelalterlicher Städte sieht. Sie sind keine Dekoration, sondern haben eine wichtige Stützfunktion.

15 Als die Schweden anrückten
Wien im Dreißigjährigen Krieg

Auch wenn sich die Beschwernisse der Zeit des Dreißigjährigen Krieges in Wien bei Weitem nicht so deutlich bemerkbar gemacht haben wie in den ländlichen Gebieten, war doch die Reichshauptstadt und Residenz der Habsburger als Hauptkriegspartei von den Entwicklungen der Auseinandersetzung unmittelbar betroffen.

In Wien lag das Machtzentrum der kaiserlichen und katholischen Seite, hier wurden die Entscheidungen gefällt und daher stand die Stadt beim protestantischen Kriegsgegner natürlich ganz oben auf der Liste möglicher Angriffsziele. Das zeigte sich vor allem ganz am Anfang des Dreißigjährigen Krieges, als die böhmischen Stände nach Wien vorstießen und protestantische Adelige alsbald sogar in die Hofburg vordrangen.

Im Kriegsverlauf wurde es dann lange ruhig für Wien, allerdings zeitigte die konfessionelle Auseinandersetzung Folgen anderer Art, und zwar für den Wiener Protestantismus. Um die evangelischen Glaubensgemeinschaften zog sich die Schlinge der Gegenreformation immer enger zu. Zum Ende des Krieges hin gab es dann doch auch noch bewaffnete Konflikte mit schwedischen Truppen.

Die Zeit dieses Krieges fällt – kein Zufall – mit dem Bau wichtiger barocker Kirchen und Sakralbauten zusammen: Jesuitenkirche (1627–46), Dominikanerkirche (1631–34), Erzbischöfliches Palais (1632–42), Schottenkirche (ab 1638), Kirche Mariabrunn (1639–55). Reformierte Kirchen wurden rekatholisiert, so etwa die Minoritenkirche 1620. Die Auseinandersetzungen verstärkten also auch innerhalb Wiens den konfessionellen Konflikt und besiegelten das Schicksal der Reformation in dieser Stadt, die im Zuge der Entwicklung wieder katholisch wurde. Evangelische Gemeinden spielen in Österreich bis heute eine nur ganz marginale Rolle.

Bereits am 7. Juli 1618 wurde angesichts der heraufziehenden Kriegsgefahr die Stadtguardia auf 1.200 Mann erhöht. Am 5. Juni 1619 wurde es ernst: Der Anführer der böhmischen Stände, Ferdinand von Thurn, stand an der Spitze böhmischer Aufständischer in Margarethen. Sechs Tage später drangen protestantische Adelige aus Österreich in die Hofburg ein und bedrängten Kaiser Ferdinand II. mit dem Ziel, ständische und religiöse Rechte zu erwirken. Dampierresche Kürassiere griffen ein und entschieden die Situation zugunsten des Kaisers. Dadurch wendete sich für die Protestanten das Blatt, um ihre Sache stand es fortan schlecht: 1627 wurden alle protestantischen Prediger aus Wien ausgewiesen.

Bereits seit 1638 fürchtete man die Gefahr eines schwedischen Einfalls in den Wiener Raum. Als im Jahr 1643 schwedische Reiter in der Nähe der Stadt gesichtet wurden und Krems und Stein bereits kapituliert hatten, wurde die Lage

Die zweite Fassung der Mariensäule. Heute kennt kaum noch jemand ihre Entstehungsgeschichte, die auf den Dreißigjährigen Krieg zurückgeht.

für Wien durchaus ernst. 1645 standen dann die Schweden vor Wien, das bis dahin unbehelligt geblieben war. Als letzte Festungen hielten Korneuburg und Kreuzenstein noch stand. In Wien ging jetzt die Furcht um, und wer konnte, ergriff die Flucht. Von Stammersdorf her flogen die Kanonenkugeln. Die Österreicher gaben die Wolfsschanze in der Brigittenau verloren, bald darauf wurde sie von einem Heer von 39.000 Mann zurückerobert. Das war am 29. Mai, und zum Dank errichtete Filiberto Lucchesi die Brigittakapelle. Aufgrund ihrer Niederlage beendeten die Schweden ihre militärische Aktion in Wien und zogen ab. Allerdings galten die schwedischen Truppen als verwildert und waren vor allem bei der Zivilbevölkerung gefürchtet.

Auch der Kaiser selbst spürte in dieser Zeit das Grollen des Schicksals. Zur Hebung der Moral in der Bevölkerung zog er an der Spitze einer Prozession durch die Straßen und trug dabei ein Marienbild. Zum Dank für den Sieg über die Schweden ließ man den Steinmetzmeister und Bildhauer Johann Jacob Pock 1646 eine Mariensäule aus Marmor fertigen, die 1647 auf dem Platz Am Hof errichtet wurde. Sie wurde erst 1667 durch die noch heute dort befindliche Kopie aus Bronze ersetzt, das Original ging ans Palais Wernstein am Inn. Der Plan zum Austausch der Säule stammte von Leopold I., der auch den ersten Stein für das Postament legte. Die neue Säule wurde vom kaiserlichen Stückgießer Balthasar Herold aus dem „Erz von Kanonen, die von Feinden erbeutet worden waren", geschaffen. Die Entwürfe kamen von Lodovico Ottavio Burnacini.

16 Islamisierung erfolgreich abgewehrt
Wien in der zweiten Türkenbelagerung

1683 war die Erinnerung an die erste Wiener Türkenbelagerung im Jahr 1529 noch relativ präsent, da stand der Feind abermals vor den Toren der Stadt. Im Gegensatz zum vorangegangenen Versuch, bei dem die Türken aus einem gut organisierten und mächtigen Reich kamen, waren sie nun nicht mehr so gut aufgestellt, das Osmanische Reich befand sich bereits im Niedergang, es war wirtschaftlich rückständig und innovationsresistent. Im Unterschied dazu waren die Habsburger in einer erheblich besseren Position.

Die zweite Türkenbelagerung ist weitaus besser dokumentiert, weil das Medium des Buchdrucks viel weiter verbreitet und entwickelt war als im frühen 16. Jahrhundert. Der Entsatz von Wien gilt bis heute als Schicksalsschlacht für die Bewahrung Europas vor Eroberung und Islamisierung, zugleich ist die Schlacht ein starkes Symbol für den Zusammenhalt der christlich-abendländischen Völker gegen die Bedrohung aus dem Orient. Auf Wien kam es an: Wäre die Stadt gefallen, wäre den Eroberern der Weg in weite Teile Europas offen gewesen.

Die zweite Türkenbelagerung begann am 15. Juli 1683. Am 12. September wurden die Belagerer am Kahlenberg in die Flucht geschlagen. Beim Marsch auf die „Stadt des goldenen Apfels der Christenheit" rückten etwa 200.000 Krieger von Ungarn aus nach Westen vor. 30.000 bis 60.000 Wiener ergriffen die Flucht, darunter auch der Kaiser und sein Hof. Als Verteidiger der Stadt hatte sich nun Ernst Rüdiger Graf von Starhemberg zu bewähren, er war Stadtguardia-Obrist und Stadtkommandant, ihm unterstanden etwa 11.500 Soldaten. In der neueren Literatur werden etwa 120.000 türkische Angreifer, 16.200 bis 30.000 Verteidiger in Wien und 60.000 bis 70.000 Soldaten im Entsatzheer sowie an Verlusten 30.000 bis 50.000 Türken und 15.000 Verteidiger angegeben.

Die Belagerungssituation erwies sich als schlimm, denn die Nahrungsmittelversorgung funktionierte nicht, auch traten Seuchen wie die Rote Ruhr auf. In der Gegend der Burg- und der Löwelbastei wurde die Lage immer bedrohlicher, hier standen nun noch 4.000 Verteidiger. Da die angreifenden Türken die Stadtmauer unterminierten und diese Gänge mit Sprengstoff füllten, konnten sie die Verteidigungsanlagen der Stadt sehr geschickt schwächen. In Wien stellte man in den Kellern Wasserschalen auf und legte Würfel auf Trommeln, um an diesen „Seismographen" Erschütterungen infolge der Grabungen feststellen zu können.

Das Heerlager der Türken befand sich vor allem im Westen Wiens, an den Hängen des Wienerwaldes zwischen Hütteldorf und der Donau. Ihr Hauptangriffsbereich erstreckte sich ungefähr über den Bereich, der heute vom Rathaus bis zum Kunsthistorischen Museum reicht. Lange hätten die Wiener dieser Übermacht

Die Belagerung Wiens in einer zeitgenössischen Darstellung.

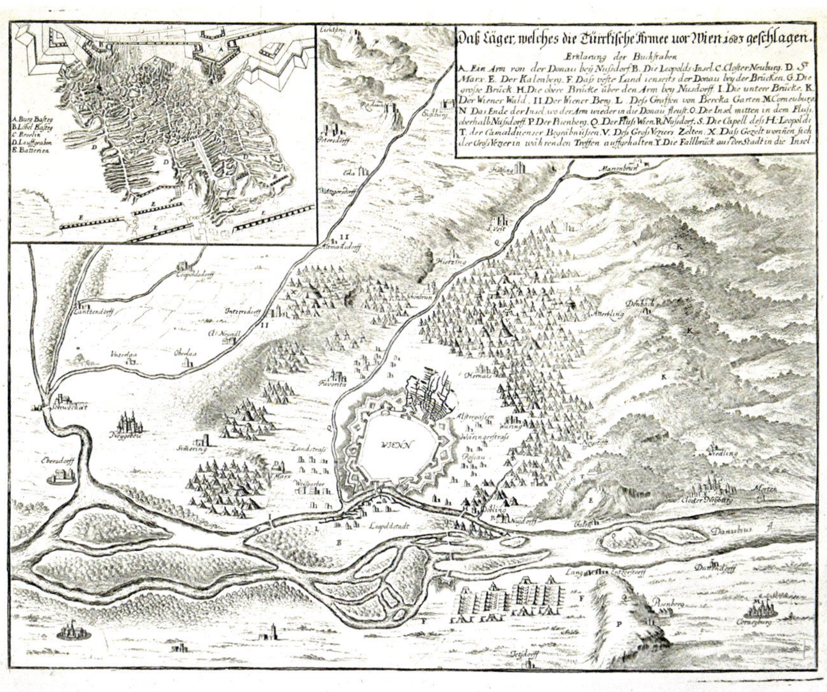

natürlich nicht standhalten können, ihnen hätte das gleiche Schicksal geblüht wie den Bewohnern Konstantinopels, die in der Hagia Sophia schrecklich niedergemacht wurden. Doch die vereinigten Heere unter Karl von Lothringen und unter Oberbefehl des polnischen Königs Jan Sobieski brachten die Rettung. Diese Truppen sammelten sich auf dem Kahlenberg. In einem Überraschungsangriff stürzten sie die Hänge herab und überrollten die Zeltlager der Türken, die ihrerseits unter Zurücklassung großer Teile ihrer Ausrüstung flohen.

Allerdings ist die zweite Türkenbelagerung nicht allein eine Angelegenheit zwischen dem Osmanischen und dem Römisch-Deutschen Reich: Auch diesmal gab es, wie auch sonst so oft, Spione, von denen die Angreifer über manche Einzelheit unterrichtet wurden. Doch auch die Verteidiger bedienten sich der Spionage, wie man am Beispiel Georg Franz Kolschitzkys sehen kann: Er sprach Rumänisch und Türkisch, als Dolmetscher hatte er sogar in diplomatischen Diensten gestanden, ab 1667 bis 1679 war er Handelsreisender der ersten Wiener Orientalischen Handelskompagnie. Während der Belagerung gehörte er einer polnischen Einheit an. Zusammen mit seinem serbischen Diener Đorđe Mihajlović schlug er sich, als Türke verkleidet, durch die feindlichen Linien und konnte dadurch die Information nach Wien bringen, wann der Angriff des Entsatzheeres erfolgen werde.

Interessant ist auch der politische Hintergrund der zweiten Türkenbelagerung, vor allem die Rolle des „allerchristlichsten" französischen Königs Ludwig XIV., der zur Schwächung seines Erzrivalen einiges versuchte, um die Türken zum Angriff zu bewegen. Er versprach sich davon freie Hand bei seinen eigenen Raubzügen, unter anderem am Rhein.

17 Eine Zeit großer Traurigkeit
Die Pest in Wien

Unter den vielen Pestepidemien, die Österreich immer wieder heimsuchten, waren die von 1349, 1541, 1588, 1679 und 1713/14 besonders opferreich. Die schweren Seuchen hatten nicht nur auf Wirtschaft und Gesellschaft erhebliche Auswirkungen, sondern auch auf den Volksglauben, der sich in einer ganzen Gruppe von Pestheiligen niederschlug und zur Errichtung von Pestsäulen in zahlreichen Orten führte.

Ursprünglich war die Pest in Indien beheimatet, aufgrund des Fernhandels erreichte sie erstmals im Jahr 541 Europa. Sie breitete sich am schnellsten entlang der Seerouten aus, langsamer ins jeweilige Landesinnere. Im 16. und 17. Jahrhundert traten die Pestepidemien nach einer längeren Ruhezeit wieder häufiger auf. Die schwerste dieser neueren Seuchen war die Pestepidemie von 1679 (in Ungarn wütete sie bereits 1678), als späteste unter den großen Pestkatastrophen ist sie diejenige, die auch heute noch am ehesten mit dem Begriff Pest in Verbindung gebracht wird. Im Zuge dieser Epidemie wurden in vielen Städten Pestsäulen errichtet, in Wien auf dem Graben unweit des Stephansdoms. Die Menschen versuchten sich mit Amuletten und Wallfahrten zu schützen oder nahmen an Pestprozessionen teil. Die Pest wirkte auch auf die Kunst ein und vermittelte den Menschen auf sehr harte Weise einen Begriff von Vergänglichkeit.

Doch die Maßnahmen, die man gegen die Ausbreitung der Krankheit ergriff, konnten noch nicht auf das medizinische Hintergrundwissen späterer Zeit aufbauen, deshalb setzte man auf himmlischen Beistand. Außerdem ergriff man Quarantänemaßnahmen, kontrollierte Reisende, versorgte die Kranken und schaffte die Leichen weg. In den Häusern reinigte man die Luft mit scharfen Dämpfen und verbesserte sie mit Wohlgerüchen. Man verbrannte den Hausrat erkrankter Menschen, entfernte faules Obst von den Marktständen und unterband Menschenansammlungen. Die getroffenen Maßnahmen erwiesen sich in Wien jedoch als unzureichend.

Die barocke Pestepidemie forderte nach zeitgenössischen Angaben in Wien bis zu 122.800 Menschenleben, ihr Verlauf war in Wien unvorstellbar schrecklich. Neuere Schätzungen gehen von ungefähr 50.000 Toten aus, was etwa einem Drittel der Bevölkerung Wiens, seiner Vororte und Vorstädte entspricht. Der Kaiser flüchtete mitsamt seinem Hofstaat aus Wien, auch viele andere verließen die Stadt. Ärzte und Pflegekräfte konnten nur mit Gewalt zum Bleiben bewegt werden. Pestknechte sammelten die Leichen ein und warfen sie in Pestgruben, allerdings war deren Anlage kaum noch zu organisieren, die bürgerliche Ordnung zerbrach fast völlig. Aus der Zeit dieser Pestwelle stammt die Sage vom lieben Augustin, eines Bänkelsängers, Sackpfeifers und Stegreifdichters, der nach einem längeren Wirtshausbesuch auf nicht ganz geklärte

Detailansicht der Pestsäule am Graben.

Weise in eine Pestgrube geriet und dort die Nacht verbrachte. Am nächsten Morgen stieg er dort heraus und blieb unbeschadet. Er überlebte die Pestepidemie um sechs Jahre und wurde durch das Volkslied „O du lieber Augustin" sprichwörtlich. Der liebe Augustin steht für die Überwindung allen Übels mit Humor.

Man kann es den Menschen im barocken Wien nicht verübeln, wenn ihnen ganz und gar nicht zum Lachen zumute war, denn die andere Wirklichkeit bestand in religiös motivierter flehentlicher Reue und fatalistischem Ernst. In dieser Zeit blühte die katholische Kirche stark auf, denn ihr gelang es, aus der Angst der Bürger vor dem Tod Kapital zu schlagen. Als Schutzmittel wurden Gebete, Messen und Wallfahrten propagiert und zahlreiche Pestsäulen und Kapellen gestiftet. Der vielleicht rührigste katholische Einpeitscher jener Zeit war Ulrich Megerle, der unter dem Namen Abraham a Sancta Clara damit Furore machte, den Menschen seiner Zeit den moralischen Spiegel vorzuhalten und ihre Angst zu schüren, indem er in sprachgewaltigem Predigtstil ihre Nähe zum Tod aufzeigte.

Es war auch die Zeit der sogenannten Pestdoktoren, die mit Schutzmasken in Gestalt langer Vogelschnäbel herumliefen. In diesen Schnäbeln befanden sich schützende Kräuter, darüber waren Sichtgläser angebracht. Zweifellos hatten diese Masken auch deshalb eine schützende Wirkung, weil sie infektiöse Partikel aus der Luft zumindest teilweise abfingen.

18 Tiefenpsychologie zum Erzählen
Alt-Wiener Sagen und Legenden

In und über Wien wird ein reicher Sagenschatz tradiert, der viele geschichtliche Bezüge, aber auch tiefenpsychologische Anklänge hat. Wer der Wiener Seele etwas näherkommen will, der sollte sich unbedingt mit diesem Sagenkreis beschäftigen. Dadurch wird ganz nebenbei auch viel geschichtliches Wissen vermittelt.

Zwei Sagen seien hier in Kurzform wiedergegeben, nämlich die vom Basilisken in der Schönlaterngasse, in der es letztlich um die heilsame Erkenntnis der eigenen Eigenschaften geht, sowie die eher den Humor der Wiener veranschaulichende Anekdote von der Speckseite am Roten Turm.

Der Basilisk

In der Schönlaterngasse 7 steht das Basiliskenhaus, dessen Kellermauern aus dem 13. Jahrhundert stammen. Zur damaligen Zeit wohnte hier der jähzornige Bäckermeister Martin Garhiebl. Der Sage zufolge fand man im Brunnen dieses Hauses, umweht von giftigem Gestank, ein bisher unbekanntes Tier, das man als Basilisken identifizierte, eine Kreuzung aus Hahn und Kröte, und dessen giftiger Atem die Menschen bedrohte. Auch soll der Schrei dieses Ungetüms schrecklich gewesen sein. Ein herbeigerufener Fachmann riet dazu, diesem Tier einen Spiegel vorzuhalten, es würde dann im Blick auf seine eigene Schändlichkeit zerplatzen.

Und es kam, wie es in einer guten Sage oft kommt: Der Bäckergeselle, der ein Auge auf des Meisters schöne Tochter geworfen hatte, meldete sich für das Unterfangen und bat sich als Belohnung die Heirat mit seinem Schwarm aus. Dies wurde ihm gewährt, er stieg über eine Leiter zu dem Basilisken hinab, hielt ihm den Spiegel vor und erledigte ihn damit – das gefährliche Abenteuer ging glücklich aus. Der Brunnen wurde daraufhin zugeschüttet und die jungen Leute feierten Hochzeit.

Einer Erklärung des Geologen Eduard Suess zufolge dürften sich im Brunnen giftige Erdgase angesammelt haben, möglicherweise hat man auch einen tierförmigen Stein gefunden. Fast noch spannender als die historischen Wurzeln dieser Geschichte ist aber der tiefenpsychologische Gehalt dieser Sage: Ein genauer Blick auf eigentümliche Aspekte des eigenen Seelenlebens kann für ausreichend selbstkritische Menschen der Schlüssel zu ihrer Bewältigung sein.

Die Speckseite am Roten Turm

In dem alten Turm, der der Rotenturmstraße ihren Namen gegeben hat, hing bis Mitte des 18. Jahrhunderts eine Speckschwarte aus Holz, die einer echten zum Verwechseln ähnlich sah. Darunter war der Spruch angebracht:

Befindt' sich irgend hier ein Mann,
der mit der Wahrheit sprechen kann,
daß ihm sein' Heirath nicht thät grauen
und fürcht' sich nicht vor seiner Frauen,
der mag den Backen runterhauen.

Eines Tages meldete sich einer, der diese Herausforderung annehmen wollte. Man rief die Menschen zu diesem Spektakel zusammen, stellte eine Leiter auf und ließ den Mutigen hinaufsteigen, damit er sich die Speckseite hole. Doch er kam unverrichteter Dinge wieder zurück und sprach: „Die Speckseite ist ja ganz dreckig! Und wenn ich meine Kleidung beschmutze, dann schimpft meine Frau wieder mit mir!" Unter dem Gelächter der Spötter verschwand er in der Menge und ward nicht mehr gesehen, auch versuchte kein anderer mehr, die Speckseite abzunehmen.

Auch hier gibt es einen wahren geschichtlichen Hintergrund. Der „rothe Turm" ist bereits seit 1288 belegt, bis ins 15. Jahrhundert stand hier ein schlankes, außen rot und weiß bemaltes Gebäude mit rotem Spitzdach, 1418 stand daneben noch ein kleiner Turm, 1547 wurde dieser in ein Haus verbaut. Nach einer Beschädigung durch Matthias Corvinus wurde der rote Turm 1511 von Kaiser Maximilian I. umgestaltet (vier zugespitzte Ecktürmchen, spitzbogenüberdeckte Durchfahrt). Innen wurden nun fünf Wappenschilder zwischen zwei geharnischten Männern mit den Fahnen von Österreich und Wien angebracht, dazu gab es lateinische Spruchbänder. Dieses Rotenturmtor stand etwa zwischen den heutigen Häusern 26 und 31. Ob der Name auf „rout" (Recht) zurückgeht, weil es hier ein Gericht nebst Gefängnis gab, ist nicht geklärt, denn auch andere Türme dienten als Gefängnis.

Inschrift auf der inzwischen renovierungsbedürftigen Fassade des Basiliskenhauses.

Die Speckschwarte wird bereits 1547 im „Lobspruch" von Wolfgang Schmeltzl erwähnt („Pachen"), sie geht wohl auf einen vorchristlichen Brauch zurück und findet sich auch an anderen Orten. Eine zunächst echte Speckschwarte wurde später durch eine hölzerne Nachbildung ersetzt, darunter befanden sich Verse.

19 Üppige Pracht eines Wahrzeichens
Die Karlskirche

Wenn man sich von der weitläufigen U-Bahn-Station zum Resselpark begibt, sieht man nichts mehr von der einstigen Schönheit der hier früher befindlichen Uferlandschaft des Wienflusses, der vor der Karlskirche dahin lief. Der Park zeigt das sichtliche Bemühen der Stadtväter, es hier den verschiedenen Interessengruppen recht zu machen: Jugendliche haben ihr Skateboard-Areal, Betagte sitzen auf den die asphaltierten Wege in langen Reihen umsäumenden Parkbänken und die Touristen finden malerische Bildmotive.

Taucht man durch das satte Grün der alten Parkbäume, öffnet sich unvermittelt die Sicht auf den nach dem Stephansdom zweitwichtigsten Sakralbau Wiens und zugleich eines der wichtigsten Wahrzeichen dieser Stadt: die Karlskirche. Ihr zu Füßen glitzert malerisch ein künstlich angelegter Weiher, der im Sommer von einem bunten Publikum umsäumt ist. Links ruht in diesem Weiher eine Metallplastik von Henry Moore aus dem Jahr 1977, „Die Liegende". Das Milieu im Resselpark und überhaupt im ganzen Einzugsbereich des Karlsplatzes ist eher nicht nobel, allerdings hat sich an der Situation in den letzten Jahren schon einiges gebessert.

Die Karlskirche ist ein monumentaler, ehrfurchtgebietender und sehr repräsentativer Sakralbau aus der Blütezeit des österreichischen Barock. Sie geht auf ein Pestgelöbnis Kaiser Karls VI., des Vaters der Kaiserin Maria Theresia, aus dem Jahr 1713 zurück. Damals wurde Wien bereits zum siebten Mal in kurzer Zeit von der Pest heimgesucht. Der Kaiser gelobte, er werde dem Pestheiligen Karl Borromäus eine Kirche widmen, sollte Wien von der Pest befreit werden. Die Seuche kam zum Stillstand, der Kaiser hielt sein Versprechen. Ab 1716 wurde die prachtvolle Kirche unter dem damaligen Stararchitekten Johann Bernhard Fischer von Erlach erbaut, doch erst dessen Sohn Joseph Emanuel Fischer von Erlach konnte das ambitionierte Projekt im Jahr 1737 vollenden. Damit steht die Karlskirche mit der kaiserlichen Hofbibliothek und der Winterreitschule der Hofburg in architektonischer Beziehung. Die Karlskirche beeindruckt vor allem mit ihrer 72 Meter hohen Kuppel und den beiden majestätischen Reliefsäulen.

Auf einem Fassadenrelief ist detailreich das Erlöschen der Pest dargestellt. Bei den beiden Säulen handelt es sich um Nachbildungen der Trajan- und der Marc-Aurel-Säule in Rom. So üppig und reich jedoch die Außengestaltung dieser Kirche ist, so bescheiden wirkt im Vergleich ihr Innenraum, woraus sich eine interessante Dualität ergibt: Wenn man eintritt, wird die äußerliche Zier durch Kargheit abgelöst. Vielleicht ist dies auch ein Beispiel dafür, wie sich der Katholizismus von der Reformation eine Scheibe abgeschnitten hat.

Natürlich werden auch in dieser Kirche wichtige Reliquien verwahrt, und zwar der aus Stroh gefertigte

Die Karlskirche und die noch nicht eingemauerte Wien – malerischer geht es kaum.

Kardinalshut und der Vespermantel von Karl Borromäus aus dem 16. Jahrhundert. Beides befindet sich in der Wintersakristei der Kirche.

Die Gelder für den Bau der Karlskirche kamen übrigens von den Ländern der österreichischen Krone, interessanterweise verwendete man dafür jedoch auch eine Strafzahlung der Stadt Hamburg wegen der Beschädigung der Kapelle der österreichischen Gesandtschaft bei einer Demonstration.

Die Karlskirche liegt zwar am Rand der Inneren Stadt, gehört hier jedoch zu einer wichtigen Gruppe von Sehenswürdigkeiten: Gleich gegenüber befindet sich der Otto-Wagner-Pavillon, fußläufig ist auch das berühmte Sezessionsgebäude zu erreichen. Vom Karlsplatz aus kann man leicht zur linken und rechten Wienzeile gelangen, wo der Naschmarkt mit dem bunten Treiben seiner orientalisch geprägten Stände einen Eindruck von Wiens Verbindungen zur Levante gibt. Hinter dem Naschmarkt schließt sich jeden Samstag ein Flohmarkt an. Der hier überbaute Wienstrom sollte eigentlich ein Prachtboulevard werden, wovon einige repräsentative Gründerzeitbauten Zeugnis ablegen, allerdings ist das ganze Quartier nicht unbedingt das Aushängeschild des gehobenen Kulturbetriebs – wenngleich hier das traditionsreiche „Theater an der Wien“, später eine angesehene Musicalbühne, seit 2006 wieder ein Opernhaus, sowie die österreichische Verwertungsgesellschaft für Urheberrechte angesiedelt sind.

20 Lange Phase der Reformen
Von Maria Theresia zu Joseph II.

Der Übergang von Barock zum Klassizismus, das Aufblühen der Aufklärung, zugleich auch der Beginn des modernen Staats, gelenkt von einem modernen, rational handelnden und bescheidenen Fürsten, wird in Österreich durch den Übergang von der Kaiserin Maria Theresia zu ihrem Sohn Joseph II. charakterisiert.

Allerdings war das kein harter Schnitt, denn schon unter Maria Theresia, die 16 Kinder zur Welt brachte und dabei ihre Regierungsgeschäfte sogar vom Wochenbett aus führte, gab es ebenfalls bereits eine Reihe wesentlicher und zukunftsweisender Reformen. Beispielsweise sah sie die Schule als Sache des Staates und nicht der Kirche, sie verpflichtete das Volk zum Besuch staatlicher öffentlicher Schulen, förderte das Bildungswesen durch ihre Ermutigung, Bücher aus dem Ausland in Österreich nachzudrucken, modernisierte das Staatswesen und die Justiz. Außerdem unterwarf sie die Kirche dem Staat und legte damit den Grundstein für die weitreichende Säkularisation, die dann von ihrem Sohn durchgeführt wurde: Klöster und Stifte wurden geschlossen und enteignet, so nebenbei wurden damit gerade in Österreich die kulturellen Leuchttürme abgeschaltet, als welche die Stifte jahrhundertelang fungiert hatten.

Der Übergang zwischen beiden ist auch deshalb fließend, weil Joseph II. bereits seit dem Tod seines Vaters im Jahr 1765 in den habsburgischen Erblanden mitregierte. Beiden war gemeinsam, das absolutistische Regieren als einen Dienst am Staat aufzufassen, denn beide waren Regenten des aufgeklärten Absolutismus. Es gab jedoch Schwierigkeiten aufgrund von unterschiedlichen politischen Auffassungen. So lehnte Joseph II. die Kolonialpolitik seiner Mutter ab. Das einzige reelle Kolonialunternehmen Österreichs waren die Erwerbungen auf den Nikobareninseln Nancowry, Camorta, Trinket, Katchal und der nach Maria Theresia benannten Insel Teressa im Jahr 1778, die dabei zu österreichischen Kronkolonien erklärt wurden. An der Malabarküste wurden Faktoreien gegründet. Die Auflösung der Triester Handelskompanie durch Joseph II. hatte rationale Gründe: Die österreichische Flotte war nicht stark genug, um die Kolonien zu schützen, außerdem machten andere Seemächte Druck. Der Seehandel war sowieso ins Stocken geraten und angesichts der starken Konkurrenz ohnehin nicht einfach. Die Nikobaren fielen 1784/85 an Dänemark und Großbritannien.

Das Zusammenwirken von Maria Theresia und Joseph II. erwies sich als schwierig, weil der Reformeifer des Sohnes mit der konservativen Haltung der Mutter kaum in Einklang zu bringen war. Da die Möglichkeiten Josephs II. zunächst sehr beschränkt waren, reformierte er in seiner Anfangszeit den kaiserlichen Hofstaat, wobei er seinen mit dem der Mutter zusammenlegte,

Maria Theresia regierte vier Jahrzehnte lang, auf sie gehen zahlreiche Reformen zurück.

die strenge Etikette verwarf, etliche Zeremonien abschaffte und die Kleiderordnung vereinfachte (Einführung der Uniform). Er verwendete sein immenses Erbe zur Tilgung von Staatsschulden, führte einen Sparkurs ein und öffnete die kaiserlichen Parkanlagen der Allgemeinheit. Nun konnte jedermann in Schönbrunn, im Prater oder Augarten lustwandeln.

Außerdem unterschieden sich beide Regenten in ihrer Haltung gegenüber Friedrich II. Während Maria Theresia der gebückten Legende in Sanssouci nicht viel abgewinnen konnte, sah ihr Sohn in dem Preußen das Vorbild des aufgeklärten Monarchen. In Neiße kam es zu einem Treffen, die Umsetzung preußischer Ideen gelang Joseph II. jedoch meistens nicht. Er verzichtete auch auf die getrennte Bestattung und fällt in der Kapuzinergruft bis heute durch die ostentative Schlichtheit seines Sarges auf, der in der Nachbarschaft barocker Prachtsärge eher an eine dort abgestellte Munitionskiste erinnert.

Der Übergang von Maria Theresia zu Joseph II. markiert die Modernisierung des österreichischen Staatswesens, des Kultur- und Geisteslebens ebenso wie der medizinischen Versorgung und der Rechtsordnung (u. a. Bindung der Rechtsprechung an die Gesetze). Zugleich entwickelte sich eine regulative Bevormundung der Bürger bis zum Verbot des Genusses von Pfeffernüssen. Seine zentralistischen Tendenzen brachten die fremdsprachigen Völker der Monarchie in Unruhe. Da er nur zehn Jahre lang regierte, konnte sich der Widerstand der alten Eliten formieren, die etliche seiner Pläne vereitelten.

21 Bildung für Österreich
Trattners Nachdruckgewerbe

Johann Thomas von Trattner (1717–1798) kam aus einfachen Verhältnissen und stieg zum Leiter eines Verlagsimperiums auf. Er bediente sich dabei fremden geistigen Eigentums – das war zu dieser Zeit allerdings weitverbreitet. Zudem schob er damit Österreichs Bildungsniveau und das Wissen der hiesigen Fachleute sehr stark an.

Um die Mitte des 18. Jahrhunderts waren die wenigen produktiven Druckereien der österreichischen Erblande hauptsächlich auf Wien konzentriert, der Buchmarkt war dünn und rückständig. Kaiserin Maria Theresia, der sehr an der Bildung ihrer Untertanen gelegen war – ihr verdankt Österreich die vergleichsweise frühe Einführung der staatlichen Schule und allgemeinen Schulpflicht 1774 –, schätzte diese Situation und den möglichen Ausweg richtig ein, als sie Trattner anwies, ausländische Bücher nachzudrucken, bis Originalwerke zustande kämen.

Trattner stammte aus Ungarn, 1748 erwarb er auf Kredit eine mickrige Wiener Druckerei und begann mit Druckaufträgen für die Jesuiten. Bald war er Universitäts- und Hofbuchdrucker, vom Hof erhielt er auch finanzielle Zuwendungen. Außerdem erhielt er Druckprivilegien und 1752 ein Monopol auf Schul- und Lehrbücher. 1764 wurde er geadelt. Was immer der kaiserliche Hof drucken ließ, es lief über Trattner, der auch Privilegien auf Kalender und sogar die Typenherstellung hatte. Auf kaiserlichen Wunsch hin – der Nachdruck inländischer Werke war nach wie vor verboten – druckte er im großen Stil die ausländische Fachliteratur nach. Damit baute er sich ein gigantisches Medienimperium auf. Die Zentrale war mitten in Wien, am Graben: Auf den einstigen Trattnerhof, einen „typographischen Palast“ mit über hundert Mitarbeitern, verweist heute leider nur noch der Name einer kleinen Seitenstraße. Daneben gab es Filialen in der ganzen Monarchie: Druckereien in Agram, Brünn, Linz, Graz, Innsbruck, Pest, Prag und Triest sowie 18 Buchhandlungen, in denen eigene Titel und solche aus anderen Verlagen verkauft wurden. Wenn seine harten Rabattforderungen abgewiesen wurden, drohte er gelegentlich den Nachdruck an. Ab 1771 eröffnete Trattner auch Leihbüchereien, in denen man gegen Entgelt lesen konnte, ohne die Bücher kaufen zu müssen. So erreichte er auch weniger betuchte Kundenkreise, zugleich bot er dem Publikum aber tadellos ausgestattete Leseräume mit Nachschlagewerken, Zeitschriften und Fachbüchern. Sein Verlagsimperium wurde durch mehrere Papierfabriken erweitert.

Der Trattnerhof gilt als das prächtigste Privatgebäude im Wien der damaligen Zeit. Ab 1911 wurde er durch einen zweiteiligen Neubau ersetzt, diese beiden Blöcke geben eine Vorstellung von den Dimensionen dieses Bauwerks. Darin war auch ein Konzertsaal untergebracht,

VINDOBONÆ,
TYPIS JOAN. THOM. NOB. DE TRATTNERN,
CAES. REG. AULAE TYPOGR. ET BIBLIOP.
MDCCLXXXVIII.

Johann Thomas Edler von Trattner: vom kleinen Buchdrucker zum Inhaber eines gewaltigen Medienimperiums. Ihm verdankt Österreich den Bildungsaufschwung seiner Zeit.

Mozart wohnte hier 1784 als Mieter und gab Konzerte. Frau von Trattner nahm beim Meister Klavierstunden, eines von Mozarts Werken ist ihr gewidmet.

So hart und gewinnorientiert Trattners Methoden auch waren: Er legte den Grundstein für den Aufstieg des österreichischen Buchmarktes im 18. Jahrhundert. Denn durch diese Wissensverbreitung wurde nun die Entstehung auch anderer Verlagshäuser angeregt. Bald gab es in Wien eine Medienlandschaft von 110 Zeitungen, Zeitschriften und Jahrbüchern, übrigens der Grundstock der späteren österreichischen Literatur- und Feuilletonszene in den Kaffeehäusern. Der Obrigkeit wurde das alsbald suspekt, die Zensur prüfte jede einzelne Ausgabe. Außerdem wurde der schlecht kontrollierbare Kolportagebuchhandel verboten. Als Maria Theresias Sohn, Kaiser Joseph II., die Zensur vorübergehend aufhob, stieg die literarische Produktion sprunghaft an. Auch wenn es später neue Einschränkungen gab, verbreitete sich die Literatur der Aufklärung bald auch in Österreich.

Johann Thomas von Trattner war sicher kein Bildungsidealist oder aufklärerischer Geist, ihm ging es um geschäftlichen Erfolg. Andernfalls hätte er eine konziliantere Haltung gegenüber den Originalverlagen und eine höhere Wertschätzung gegenüber den Autoren gezeigt. Die Folgen von Trattners Unternehmertum für Österreich waren aber weitgehend positiv: Ihm ist das Aufholen der österreichischen Geisteswelt im 18. Jahrhundert zu verdanken. Im 19. Jahrhundert sollte die österreichische Wissenschaft an die Weltspitze kommen, namentlich auf dem Gebiet der Medizin.

22 Der älteste Zoo der Welt
Tiergarten Schönbrunn

Der Tiergarten Schönbrunn ist eine von den Habsburgern begründete Einrichtung und genießt heute als ältester Zoo der Welt internationales Ansehen. Er wurde im Jahr 1752 von Kaiser Franz I. Stephan, dem Gemahl der Kaiserin Maria Theresia, als Menagerie errichtet. Fünf Mal in Folge wurde er als bester Zoo Europas ausgezeichnet, er gehört zum UNESCO-Weltkulturerbe Schönbrunn und machte in der Vergangenheit immer wieder durch besondere Zuchterfolge auf sich aufmerksam.

Die Ursprünge dieses Zoos liegen in der barocken Auffassung, das Wissen und die Wunder der ganzen Welt zusammenfassen zu können (Beispiele hierfür sind barocke Bibliotheken, die großen Enzyklopädien und die Naturalienkabinette), zugleich aber als Herrscher damit auch eine Möglichkeit der Machtpräsentation (Macht über das Wissen) zu bekommen. Nicht zuletzt diente die Menagerie dem kaiserlichen Hof auch als Vergnügungspark, in dem man bisher nahezu unbekannten Geschöpfen aus exotischen Ländern betrachten konnte. Dementsprechend wurde in der Frühzeit der Zoos nicht so sehr auf artgerechte Tierhaltung geachtet. Bei diesen Einrichtungen setzte bereits vor etlichen Jahrzehnten ein Umdenken ein – weg vom Sensationellen und Exotischen hin zu Forschung und – nach Möglichkeit – Artenschutz. Denn so absurd es klingen mag: Ausgerechnet die Zoos erweisen sich heute in vielen Fällen als jene Refugien, von denen aus stark gefährdete Tierarten unter Umständen gerettet werden können.

Im Tiergarten Schönbrunn verbinden sich das kaiserliche Ambiente und zeitgemäße zoologische Leitlinien zu einer ganz besonderen Mischung. Der Zoo dehnt sich auf einer Fläche von 17 Hektar aus und beherbergt über 700 teilweise sehr bedrohte Tierarten. Besonders bekannt, weil häufig publikumswirksam in Szene gesetzt, sind die großen Pandabären, die inzwischen fünf Jungtiere bekommen haben. Der Zoo ist in verschiedene Landschaftsgruppen unterteilt, die das Spektrum von der Arktis bis zum tropischen Regenwald abdecken. Dadurch können die Besucher verschiedene Lebensbereiche kennenlernen. Selbstverständlich gibt es auch hier Aquarien und Terrarien. Unter anderem werden auch bedrohte österreichische Nutztierrassen gezeigt. Man kann Robben, Pinguine und tauchende Eisbären beobachten. Jedes Jahr sehen sich über zwei Millionen Besucher aus dem In- und Ausland den Tiergarten Schönbrunn an.

Der Tiergarten wurde am Ende des Zweiten Weltkriegs durch Bombardierung schwer beschädigt und danach nach modernen Gesichtspunkten neu gestaltet. Seinen Mittelpunkt bildet der achteckige Gartenpavillon aus dem Jahr 1759, der einst als Frühstücksraum des Kaiserpaares diente. Von hier aus konnten Franz Stephan und Maria Theresia die Tiere

Schönbrunn vom Park aus gesehen, dahinter die Stadt. Einst befand sich hier nichts als dichter Wald.

sehen. Der Pavillon ist mit verschiedenen Fresken geschmückt und lohnt auch deshalb einen Besuch.

In Schönbrunn befindet sich außerdem der weitläufige Palast, der hier einst als prunkvolle und sehr repräsentative Sommerresidenz des Kaiserhauses errichtet wurde – auf einem ursprünglich waldreichen Gelände, das als Jagdrevier gedient hatte. Im Barock wurde es in eine gepflegte Parklandschaft verwandelt, die durch die Gloriette, einen kleinen und schmucken Arkadenlangbau, abgeschlossen wird. Im Gegensatz zu manch anderem Palast beinhaltet Schönbrunn auch noch die originale Einrichtung. Im Gebäude gibt es unzählige Zimmer und zahlreiche Küchen. Kaiser Franz Joseph I. wurde hier 1830 geboren und starb hier 1916, der letzte Kaiser, Karl I., legte in Schönbrunn die Krone nieder. In den Jahren 1805/06 und 1809 diente der Sommerpalast als Residenz Napoleons I., in den Jahren 1945 bis 1947 tat es ihm die britische Militärverwaltung gleich, obwohl das Gebäude im Krieg stark beschädigt worden war. Der Wiederaufbau wurde 1952 abgeschlossen. Auch das benachbarte Palmenhaus ist ein interessantes Stück Wien. Ursprünglich lag das Areal weit vor der Stadt, im Laufe der Zeit wurde es von der Großstadt eingeholt.

23 Eine Büchersammlung von Weltrang
Hofbibliothek bzw. Nationalbibliothek

Der Josefsplatz, jener aufgrund seiner Stilreinheit schönste Platz der Stadt, wurde bereits im Zusammenhang mit der Augustinerkirche erwähnt. Wer hier vor einem Vierteljahrhundert abends in Richtung Karlsplatz vorüberging, der konnte an der Stirnseite des linken Seitenbaus abends noch Licht brennen sehen – es kam aus der Handschriftensammlung, in der die unvergessene stellvertretende Leiterin, Dr. Eva Irblich, noch lange ihren Obliegenheiten nachging.

Als im Jahr 1992 die beiden Redoutensäle im rechten Seitenflügel abbrannten und das Löschwasser direkt hinter dem Prunksaal herunterstürzte, ging die Rettung der Buchbestände durch eine Menschenkette international durch die Nachrichten. Zum Glück hielten sich die Schäden sehr in Grenzen. Beinahe wäre die alte Hofbibliothek diesem Feuer zum Opfer gefallen, der Schaden für die Weltkultur wäre nicht zu ermessen gewesen (unter anderem, weil man Brände in Bibliothekssälen nicht mit Wasser löschen kann, ohne noch größere Schäden zu verursachen).

Interessant am Bibliotheksgebäude ist der jetzige Haupteingang durch die Mittelpforte – jahrhundertelang befand er sich links und in den weiter rechts gelegenen Bereichen des Erdgeschosses eine Wagenremise und später ein amerikanisches Lebensmittelmagazin. Dies hat der Örtlichkeit den noch lange gebräuchlichen Namen „Amerikanermagazin" eingetragen. Als man hier noch vor wenigen Jahrzehnten Bücher lagerte, schimmelten sie aufgrund der widrigen Verhältnisse. Auch so manche Räumlichkeit hatte hier lange ein Ambiente wie auf einem Gemälde von Jan Steen, so etwa das kleine, nur über einen engen Treppenschacht zugängliche Büro des Generaldirektor-Stellvertreters, der hier zeitweilig Marmelade kochte oder den von ihm leidenschaftlich gesammelten Thonet-Möbeln einen neuen Anstrich genehmigte.

Das Gebäude wurde im frühen 18. Jahrhundert auf dem „Tummelplatz" errichtet, der seinen Namen von der hier übenden Reitschule und öffentlichen Veranstaltungen hatte. In dem meisterhaften Bau verbinden sich Elemente des Klassizismus mit solchen des französischen Barock. Die Pläne stammen von Johann Bernhard Fischer von Erlach, der ganz der Tektonik verhaftet war, also dem Zusammenfügen von Bauteilen zu Bauwerken. Ausgeführt wurde der Bau jedoch in den Jahren 1723 bis 1735 von seinem Sohn Joseph Emanuel Fischer von Erlach, der weit mehr in Fassaden dachte. Erst durch die Schaffung der beiden Seitenflügel durch Nikolaus Paccassi in den Jahren 1763 bis 1769 und die Errichtung des Reitermonuments in der Mitte des Platzes mit Kaiser Joseph II. in der Pose des Kaisers Marc Aurel wurde jene Geschlossenheit erreicht, die diesen Platz zu einer echten Besonderheit macht.

Wiens schönster Platz und eine der acht wichtigsten Bibliotheken der Welt, eine Art steingewordene Universalenzyklopädie.

Die erste Erwerbung der kaiserlichen Büchersammlung erfolgte bereits im 14. Jahrhundert. Der Prunksaal mit dem bedeutenden Standbild Kaiser Karls VI. enthält annähernd 200.000 Bände. In der Mitte sind als besondere Kostbarkeit die Bücher des Prinzen Eugen von Savoyen aufgestellt, dabei handelt es sich um rund 15.000 Bände. Die Österreichische Nationalbibliothek, wie sie heute heißt, wurde in den letzten hundert Jahren beträchtlich erweitert, inzwischen ist sie weit in den Komplex der Neuen Burg (am Heldenplatz) hineingewachsen, verfügt über ein weitläufiges unterirdisches Magazin und viele Abteilungen, so etwa ein Globenmuseum und ein Literaturarchiv. Ihre langwährende Weigerung, „arisierte" Buchbestände an ihre jüdischen Eigentümer zurückzugeben, wurde erst mit deutlicher Verspätung korrigiert.

24 Eigentlich ein Salzburger
Wolfgang Amadeus Mozart in Wien

Gemeinhin wird Wolfgang Amadeus Mozart (1756–1791) als österreichischer Komponist angesehen, was er strenggenommen jedoch nicht war. Als Salzburger entstammte er einem damals unabhängigen Fürsterzbistum. Sein umfangreiches und vielseitiges Werk ist weltweit äußerst populär und gehört zu den Höhepunkten der klassischen Musik.

Mozart ist das bekannteste Musikgenie überhaupt, seine Musik ist der Inbegriff der Wiener Klassik, sein Spätwerk ist gewaltig und dämonisch. Das Requiem ist seine letzte Komposition, an der er noch kurz vor seinem Tod arbeitete. Im 19. Jahrhundert wurde er zu einer unantastbaren Größe stilisiert, sein Lebenswandel soll jedoch alles andere als wohlanständig gewesen sein und spätere Wissenschaftler suchten in seiner Biographie nach Hinweisen auf das Tourette-Syndrom ebenso wie nach Asperger und ADHS. Für die meisten Touristen ist der große Komponist nach wie vor einer der Hauptgründe, nach Wien zu reisen, denn hier hat er seine erfolgreichsten Jahre verbracht.

Das Grab, das man auf dem Sankt Marxer Friedhof besichtigen kann, ist eher nur ein Denkmal, denn die genaue Grabstelle ist unbekannt. Auch auf dem Zentralfriedhof gibt es ein Mozart-Denkmal, ebenso im Burggarten.

Im Spiegelsaal von Schönbrunn steht man hingegen auf denkwürdigem Boden, denn genau hier begab sich im Jahr 1762 ein Auftritt der Mozart-Kinder vor der Kaiserin Maria Theresia. Der Sechsjährige sprang hinterher der Regentin auf den Schoß und busselte sie ab – auch für ein Wunderkind war das im sittsamen Barock eine Ungeheuerlichkeit, es war aber ein Treibsatz für die Bekanntheit des kleinen Genies. Im Jahr 1781 wohnte Mozart im Gefolge des Salzburger Erzbischofs mehrere Wochen im Haus des Deutschen Ritterordens, wo er den Plan ergriff, fortan selbstständig zu arbeiten. Er wurde daraufhin ungnädig entlassen und blieb in Wien.

Die geschichtlichen Hintergründe haben es jedoch in sich: Nach einer heftigen Auseinandersetzung mit dem Erzbischof Graf Colloredo quittierte Mozart seinen Dienst, über den Grafen Arco, den Kammerherrn des Erzbischofs, berichtete er in einem Brief an seinen Vater, er habe ihn Flegel und Bursch genannt und ihn mit einem Tritt in den Hintern hinausgeworfen.

Ein weiterer Mozart-Ort in Wien ist der Stephansdom, wo am 4. August 1782 die Hochzeit mit Constanze Weber und am 6. Dezember 1791 die Einsegnung des Komponisten (in der Kruzifixkapelle an der äußeren rechten Rückseite) stattfand. Am 3. März 1783 führte Mozart im Rahmen eines Maskenballs im großen Redoutensaal eine selbst ausgedachte Pantomime mit Musik auf. Und gleich nebenan, im Prunksaal der Hofbibliothek (heute Österreichische Nationalbibliothek), befindet man sich an jenem Ort, wo Mozart 1786 im Rahmen kleiner Konzerte („Sonntagsakademien" genannt) Klavier spielte und Lieder vortrug. In dieser Bibliothek gibt es natürlich auch wichtige Schätze aus dem Werk des Komponisten, so etwa die handschriftliche Partitur des Requiems.

Ab dem 29. September 1784 wohnte Mozart mit Familie in der Domgasse 5 (heute „Mozarthaus"), hier entstanden acht bedeutende Klavierkonzerte, ein Hornkonzert, Kammermusik und andere Werke, unter anderem „Die Hochzeit des Figaro" und die Komödie „Der Schauspieldirektor". Von Februar bis Ende April 1785 besuchte ihn hier sein Vater, dem Joseph Haydn höchstes Lob über seinen Sohn ausdrückte: „Ich sage Ihnen vor Gott, als ein ehrlicher Mann, Ihr Sohn ist der größte Componist, den ich von Person und dem Nahmen nach kenne: Er hat Geschmack und über das die größte Compositionswissenschaft."

Schönbrunn wurde 1786 nochmals zur Mozart-Sehenswürdigkeit. Denn in der Orangerie wurde auf Veranlassung Josephs II. ein „musikalischer Wettstreit" zwischen Mozart und Antonio Salieri, dem Hofkapellmeister, ausgetragen. Salieri konnte die Sache für sich entscheiden, allerdings im subjektiven Urteil des Kaisers.

Am 26. Januar 1790 wurde „Così fan tutte" im Wiener Burgtheater aufgeführt, am 30. September 1791 die „Zauberflöte" im Freihaustheater auf der Wieden, das zwischen den heutigen Häusern Operngasse 23 und 32 stand.

Vom 30. September 1790 bis zum Tod am 5. Dezember 1791 wohnte Mozart mit seiner Familie in einer Wohnung in der Rauhensteingasse 8, wo sich heute das Kaufhaus „Steffl" befindet.

Mozart war der musikalischste Kopf seiner Zeit, zugleich Lebemann und Enfant terrible. In seinen Opern erwies er sich auch als sozialkritisch.

25 Ersatz für die alten Freythöfe
Die Wiener Biedermeierfriedhöfe

Schon im 16. Jahrhundert gab es in Wien Bestrebungen, die Friedhöfe aus dem Stadtkern zu verbannen, unter anderem aufgrund der Pestgefahr. Erst im Zuge der josephinischen Reformen gelang auch eine grundlegende Neuordnung des Bestattungswesens.

Durch eine neue Seuchen- und Hygieneverordnung wurden die Friedhöfe im Stadtinneren geschlossen und Beerdigungen vor die Tore der Stadt verlegt, mit sehr wenigen Ausnahmen – so durfte nur noch in der Kapuzinergruft, der Stephansgruft und im Salesianerkloster bestattet werden. Dies betraf nicht nur Angehörige des Klerus, sondern insbesondere die kaiserliche Familie. Der rigorosen Neugestaltung des Bestattungswesens durch Joseph II. fiel eine ganze Reihe innerstädtischer Friedhöfe zum Opfer.

Die meisten anderen nahmen nun mit den neugeschaffenen „communalen Friedhöfen" außerhalb der Stadt Vorlieb. Diese Friedhöfe wurden neben Sankt Marx auch in Matzleinsdorf, Am Hundsturm, Auf der Schmelz und in Währing errichtet. Vier dieser fünf Friedhöfe wandelte man in den Jahren 1923 bis 1928 in Parks um.

Sankt Marx war im 18. Jahrhundert eine fast vollständig unbebaute, allenfalls durch Feldwege erschlossene Freifläche und ein Teil des als Landstraße bezeichneten Gebiets, durch das seit der Römerzeit eine Municipal- und die Limesstraße führten. Eine dort gelegene römische Zivilstadt wurde im vierten Jahrhundert zerstört. Hier begannen die Fernstraßen nach Ungarn und auf den Balkan, dementsprechend durchzogen Warentransporte und Kaufleute die Gegend. Schon seit dem Mittelalter war das so, vermutlich schon vorher, und deshalb war es naheliegend, hier bereits im 13. Jahrhundert ein Siechenhaus zu errichten – weit draußen vor der Stadt, damit Reisende mit ansteckenden Krankheiten nicht die Stadtbevölkerung gefährdeten. Dieses Siechenhaus befand sich in der Nähe der Kreuzung von Rennweg und Landstraßer Hauptstraße. Zweimal wurde das Krankenhaus während der Türkenbelagerungen zerstört und später wieder aufgebaut. Im 18. Jahrhundert trug die umliegende Gegend bereits den Namen Sankt Marx. Der Friedhof wurde im Jahr 1784 errichtet.

Der bekannte, schon 1741 gestorbene Bildhauer Georg Raphael Donner wurde 1784 vom Nicolaifriedhof herübergebracht, ebenso wie der legendäre Bänkelsänger Augustin, der dort 99 Jahre in der Erde gelegen hatte. Das wirft die Frage auf, wieviel bei diesen Umbettungen eigentlich noch greifbar gewesen sein kann. Zumal die „communalen Friedhöfe" aus Gründen der Platzersparnis für die anonyme Bestattung der Toten in mehreren Schichten eingerichtet waren. Weil mit dem Umbetten nicht in erster Linie der Erhalt des ehrenden Andenkens beabsichtigt war, sondern die Befreiung des Stadtgebiets von Infektionsherden

Der Friedhof von Sankt Marx ist auch selbst dem Zeitlauf unterworfen. Erst vor wenigen Jahren wurde er gründlich aufgeräumt, was seinem Flair nicht unbedingt zuträglich war.

und den Quellen übler Gerüche, waren diese Verlegungen vor allem Maßnahmen zur Durchsetzung neuer Standards in der Stadthygiene. Auch war das Bezeichnen der Gräber in der Anfangszeit dieses Friedhofs unerwünscht – der Hauptgrund, warum man heute Mozarts Grab nicht eindeutig identifizieren kann.

Bis zur Schaffung dieser „communalen Friedhöfe" waren die Gräber meist um die Kirchen herum angeordnet, wie man es heute noch in kleinen ländlichen Gemeinden sieht. Auch der Stephansdom war einst von einem solchen „Freythof" umgeben, von dem noch die an der Fassade des Doms befestigten alten Grabsteine zeugen. Für ihn schuf man schon im 17. Jahrhundert Ersatz im Bereich des heutigen Landesgerichts („Graues Haus"). Dieser „Neue Stephansfreythof" wurde von der Pfarre Sankt Stephan beschickt und bestand bis 1784. Für seine Errichtung hatte man Teile der bürgerlichen Schießstätte umgewidmet. Der Sankt Marxer Friedhof wurde für den dritten und Teile des ersten und zweiten Gemeindebezirks angelegt. 1850 erfolgte die Schleifung der Stadtmauer, die Ringstraße entstand, und die Stadt dehnte sich rasant bis zum Friedhof aus. Inzwischen hatten sich Bürger und Klerus mit ihrem Wunsch durchgesetzt, beschriftete Grabsteine aufzustellen. Für Mozart und andere kam das freilich zu spät: Der Meister der Wiener Klassik hatte ein anonymes Schachtgrab mit einer Belegungsstärke von bis zu 20 Toten innerhalb einer Reihe bekommen – kein Armengrab, wie manche meinen, aber auch nichts Pompöses. Der Sankt Marxer Friedhof war für das gewöhnliche Volk bestimmt. Zu den Bestatteten gehörten Leute, die uns bis heute bekannt geblieben sind, etwa die Forschungsreisende Ida Pfeiffer oder der Erfinder der Nähmaschine, Joseph Madersperger.

26 Die Anfänge der Psychiatrie
Der Narrenturm früher und heute

Der Narrenturm – sein Spitzname „Guglhupf" war prägend für die Bezeichnung ähnlicher Einrichtungen im Psychiaterjargon – gehört zu Wiens befremdlichsten Orten, er ist in mehrfacher Hinsicht eine bedeutende Sehenswürdigkeit.

Der Narrenturm beherbergt das Pathologisch-anatomische Bundesmuseum mit einer Unzahl absonderlicher und abschreckender Präparate, sorgfältig präpariert, inventarisiert und katalogisiert, und damit ein bemerkenswertes Zeugnis kühler medizinischer Bürokratie. Doch die Frühgeschichte des Narrenturms ist ungleich spannender und wichtiger, denn es handelt sich um die erste psychiatrische Klinik des europäischen Festlands. Erbaut wurde der Turm im Jahr 1784 zu Beginn der Regentschaft des Reformkaisers Joseph II.

Der Narrenturm hat eine runde Grundform und fünf Geschosse, auf denen jeweils 28 Räume mit schmalen Fenstern um einen in Nord-Süd-Richtung verlaufenden Mitteltrakt, der den Wärtern vorbehalten war, angeordnet sind. Jede der 139 Einzelzellen hat eine Grundfläche von etwa 13 Quadratmetern. Im Turm gibt es außerdem einen großen und einen kleinen Hof.

Vielleicht ist dieser Turm in seiner runden Bauform ein unfreiwilliges Sinnbild für die Geisteskrankheiten: Läuft man immer weiter, landet man irgendwann wieder da, wo man war. Die Zellen gleichen sich bis auf die jeweilige Fensteraussicht. Beides können gute Metaphern für verformte und verschränkte Seelenzustände sein. Hinzu kommt der Unterschied zwischen der Außenwelt und der kleinen Welt im Turm. In welcher man sich befindet, entscheidet darüber, welche Gesetzmäßigkeiten herrschen, und umgekehrt. Außerdem sieht der Turm immer gleich aus, von welcher Seite man ihn auch betrachtet.

Diese Einrichtung ist, wenn man sie vom heutigen Stand der Psychiatrie aus bewertet, natürlich unzureichend, die Kranken wurden teilweise angekettet und nicht gerade zielführend therapiert. Aber für die damalige Zeit war das neue Konzept äußerst modern und wegweisend: Es steht für eine neue Haltung gegenüber Geisteskranken, bei der diese nicht mehr aus der Gesellschaft ausgegrenzt werden. Der Narrenturm steht für die neuartige Auffassung, Geisteskrankheiten als gesundheitliche Leiden anzuerkennen und sich um ihre Träger zu kümmern – mit dem Ziel der Heilung. Dem modernen Geist der Einrichtung entsprechend waren die Insassen nicht in ihre Zellen eingesperrt, sondern konnten sich auf den Gängen frei bewegen, abgesehen von den angeketteten Patienten.

Ende des 18. Jahrhunderts war der Narrenturm bereits von den Fortschritten in der Psychiatrie eingeholt worden, da sich die soziale Differenzierung der Behandlung als schwierig erwies. Aber noch bis 1869 wurden hier Patienten

Der Narrenturm, auch architektonisch eine recht „geschlossene" Einheit.

eingeliefert, dann wurde die Einrichtung geschlossen.

Interessant ist auch die an diesem Gebäude angebrachte Einrichtung eines „Blitzfängers", bei dem jedoch nicht klar ist, ob der damit gewonnene Strom zur Behandlung der Kranken verwendet werden sollte oder ob es sich dabei um einen Blitzableiter im modernen Sinne handelte. Die Erforschung des elektrischen Stroms fällt in die Zeit dieser Einrichtung, weshalb in dieser Richtung zumindest experimentiert worden sein könnte. Die Versuche von Prokop Diviš über die Heilkraft des Stroms waren Joseph II. jedenfalls bekannt.

Der Name „Narrenturm" verweist übrigens noch auf eine andere, unentdeckte Bedeutung. Denn heute pilgern diejenigen dorthin, die sich von den dort aufbewahrten Abseitigkeiten wohlig angruseln lassen wollen, ohne zu merken, wie knapp sie selbst um genetische Haaresbreite jenen Variationen der Schöpfung entgangen sind, die aus dem Formalinglas heraus die Blicke der Betrachter erwidern. Das Besondere liegt – das gilt in beiden Richtungen – stets hinter dem trennenden Glas. Und so ahnt niemand in den Besucherströmen, die diesen Turm durchwandeln, ob sie nicht selbst die Narren sind in diesem Turm.

27 Barock und Klassizismus
Hildebrandt und Fischer von Erlach

Die reiche Bautätigkeit in der Barockzeit hatte ihre Ursache keineswegs in den Schäden nach dem Dreißigjährigen Krieg und der zweiten Türkenbelagerung, weil die Bausubstanz der Stadt hierdurch nur geringfügig in Mitleidenschaft gezogen worden war. Allerdings war der Barock im Erzherzogtum Österreich sehr wohl eine Zeit des Wiederaufbaus.

Die Gegenreformation hatte die alten Systeme nicht nur wieder eingesetzt, sondern nun auch gefestigt, zugleich war aber die Bevölkerung stark dezimiert, folglich fehlte es an Arbeitskräften und die Löhne stiegen. Im ganzen Land setzte ein barocker Bautrend ein, der sich überall in zahlreichen Schlössern und Kirchen manifestiert. Spitzenarchitektur dieser Zeit findet sich daher auch außerhalb der Stadt, so etwa die Pfarrkirchen von Aspersdorf und Göllersdorf, in den Herrschaftssitzen Hof und Schönborn (Hildebrandt, alle in Niederösterreich).

In Wien gab es zwar viel Bausubstanz aus der Gotik und der Renaissance, sie war aber für die sich nun entwickelnde Gesellschaft nicht repräsentativ genug, außerdem war sie oft verwinkelt und eng, da man in vielen Fällen mittelalterliche Gebäude einfach zusammengenommen und überbaut hatte. Architektur gab es natürlich schon lange, aber jetzt, im Barock, war die Sternstunde der Stararchitekten, die in teilweise beeindruckend kurzer Zeit Bauwerke errichteten, die bis heute unerreicht sind.

Vier Architekten gaben in dieser Zeit der Stadt Wien ihr Gesicht, an dem man es noch heute erkennt. Es waren zunächst Domenico Martinelli (Tätigkeitszeitraum in Wien 1690–1705), Lucas von Hildebrandt (1701–1735), Johann Bernhard Fischer von Erlach (1709–1723) und dessen Sohn Joseph Emanuel Fischer von Erlach (1725–1730), der allerdings eher als Vollender der von seinem Vater begonnenen Bauvorhaben gilt. Überall in Wien läuft man früher oder später an einem Gebäude vorbei, das von einem

dieser Baumeister geschaffen wurde, manche sind allerdings schon wieder weg (z. B. das Palais Althan). Unsere Aufstellung gibt Einblick in das reiche Wirken dieser Architekten.

Domenico Martinelli lebte von 1650 bis 1719 und war Italiener. In Wien errichtete er das Palais Harrach, das Stadtpalais und das Gartenpalais Liechtenstein, in Laxenburg wirkte er wahrscheinlich am Palais Kaunitz-Wittgenstein mit. Sein Stil war eher einer konservativen Architekturauffassung mit klarer und blockhafter Gliederung verbunden, weshalb er als Gegenpol zur unruhigen und dramatischen Gestaltung von Fischer von Erlach und Hildebrandt gilt.

Lucas von Hildebrandt (1668–1745) war ebenfalls in Italien gebürtig, hatte jedoch deutsche Eltern. Er hat in Wien zahlreiche bedeutende Werke hinterlassen: das Stadtpalais des Prinzen Eugen (heute Finanzministerium), die Palais Schwarzenberg (3. Bezirk), Schönburg (4. Bezirk), Auersperg (8. Bezirk, zusammen mit Johann Bernhard Fischer von Erlach), Schönborn (8. Bezirk) und Daun-Kinsky, ferner die Peterskirche, das Palais Laxenburg (Blauer Hof), das Untere und das Obere Belvedere (3. Bezirk), die Piaristenkirche Maria Treu (8. Bezirk), die Geheime Hofkanzlei (heute Bundeskanzleramt), den Reichskanzleitrakt der Hofburg sowie das nicht mehr vorhandene Gartenpalais Harrach (3. Bezirk).

Johann Bernhard Fischer von Erlach lebte von 1656 bis 1723, sein Wirken fassen wir mit dem seines von ihm stets überschatteten Sohnes Joseph Emanuel Fischer von Erlach (1693–1742) zusammen, weil beide ungeachtet ihrer unterschiedlichen Architekturauffassungen eine große Schnittmenge gemeinsamer Projekte aufweisen. In Wien errichteten sie den Palast von Schönbrunn (13. Bezirk), das Stadtpalais Strattmann, das von Hildebrandt übernommene Stadtpalais des Prinzen Eugen, das Ledererschlössel, die Böhmische Hofkanzlei, das Gartenpalais Trautsohn, die Karlskirche, die Hofstallungen (heute Museumsquartier), die Hofbibliothek und die Winterreitschule, den Michaelertrakt und den von Hildebrandt übernommenen Reichskanzleitrakt der Hofburg, die Palais Althan, Schwarzenberg (Fertigstellung und Gartengestaltung), Lamberg (Umbau), Lobkowitz (Umbau) und Schönborn-Batthyány, den Vermählungsbrunnen auf dem Hohen Markt und einen Ehrentempel auf dem Graben.

Schöne Aussicht auf das berühmte Belvedere, erbaut von Johann Lukas von Hildebrandt als Sommerresidenz für Prinz Eugen von Savoyen.

28 Einst vergessen, heute berühmt
Die Graphische Sammlung Albertina

Über modische Trends in der Architektur kann man trefflich streiten, dabei ist es nur eine Frage der Zeit, bis ein kommender Zeitgeschmack den „Soravia Wing“ entsorgen wird, der das schöne alte Albertinagebäude geradezu durchstreicht. Dieses Ding sagt auch eine Menge über eine Epoche aus, die alles Überkommene stets irgendwie „interpretieren“ will.

Aber auch programmierter Baumüll täuscht nicht über den Rang der Albertina als wichtiges Stück habsburgischer Baugeschichte und zugleich eine der weltweit wichtigsten Graphiksammlungen hinweg. Das Haus befindet sich auf der noch in der Form der Stadtbefestigung erhaltenen Augustinerbastei, die einen Eindruck von den Verhältnissen der Wehranlage vermittelt und mit allegorischen Darstellungen des Donaustroms (eines veritablen Gottes mit einer hübschen jungen Frau und einem kleinen Knirps) nebst seinen Nebenflüssen (kleine Mädchen) verziert ist. Das ist für sich genommen schon eine Perle des netten Wiens. Das auf diesem Keil errichtete Palais diente von Anfang an der Repräsentation. Es wurde auf Geheiß der Kaiserin Maria Theresia im Jahr 1744 vom Architekten Mauro Ignazio Valmaggini für ihren engen Freund Don Emanuel Teles da Silva Conde Tarouca erbaut.

Die Geschichte des später sogenannten Palais Erzherzog Albrecht ist eng mit der Geschichte der in ihm verwahrten Sammlung verbunden und natürlich auch mit seinem Namensgeber, dem Herzog Albert bzw. Albrecht von Sachsen-Teschen. Er war der Schwiegersohn Maria Theresias und residierte in Ungarn als ihr Vertreter, als er dort (in Preßburg) im Jahr 1776 seine graphische Sammlung gründete. 1792 floh er mit seiner Frau, Erzherzogin Maria Christina, aus dem Palais Laeken in den Niederlanden, weil Krieg und Revolution sie dazu zwangen. Er hatte dort ebenfalls die österreichische Krone vertreten und konnte einen Großteil seiner Sammlung (zusammen mit Möbeln, Fensterläden und Wandvertäfelungen) mit nach Wien nehmen – man flüchtete also nicht Hals über Kopf, sondern standesgemäß. Als das Paar in Wien ankam, hatte es noch keine passende Unterkunft. Um diesem Umstand abzuhelfen, schenkte Kaiser Franz II. ihnen das besagte Gebäude auf der Augustinerbastei. Zunächst ließ Albert das Gebäude an die Bedürfnisse seiner Sammlung und der dazugehörigen Bibliothek anpassen, später kam noch ein ziemlich repräsentativer Flügel mit einer 150 Meter langen Fassadenfront hinzu, die durchaus dazu gedacht war, den nebenan wohnenden Kaiser zu beeindrucken. Für die Innenausstattung wurden wertvolle Habseligkeiten aus Laeken verwendet, beispielsweise Lyoner Seidenbespannungen, hochwertig intarsierte Bodenbeläge und üppige Luster.

Seit dieser Zeit renommiert die Albertina aber vor allem mit der darin

Spannend an der Albertina ist auch ihre Lage auf der Albrechtsrampe, an deren Sockel Allegorien der österreichischen Flüsse zu sehen sind.

aufbewahrten Sammlung, die nach enzyklopädischen und universalistischen Gesichtspunkten, also durchaus wissenschaftlich aufgebaut ist und von der Renaissance bis zur Gegenwart reicht. Heute enthält sie ungefähr eine Million Zeichnungen und Druckgraphiken. Die Blätter werden in einem automatisch gesteuerten Hochregallager verwahrt. Zu den wertvollsten Schätzen gehören Werke von Albrecht Dürer, Michelangelo, Hieronymus Bosch, Raffael und Pieter Bruegel d. Ä.

Die Albertina wurde seit ihrer Übernahme in den Bundesbesitz zunächst sehr vernachlässigt, insbesondere nach dem Zweiten Weltkrieg. Erst in den letzten Jahren konnte sie sich wieder zu jener anerkannten Sammlung im geschichtsreichen Haus entwickeln, die sie ursprünglich gewesen ist. Heute ist sie ein hochmoderner Wissenschaftsstandort, in dessen schmucklosem Studiensaal intensiv geforscht wird. Der automatisierte Tiefspeicher ist ein beeindruckendes Beispiel dafür, wie konservatorisch einwandfreie Langzeitarchivierung mit schneller Zugänglichkeit jeder einzelnen Graphik verbunden werden kann. Im Zuge der Leihgabe einer Privatsammlung mit Werken der klassischen Moderne wird ein Teil der Ausstellungsfläche nicht mehr für die Präsentation der eigenen Sammlungsschätze, sondern für Werke von „Monet bis Picasso“ verwendet.

29 Weiße Pferdchen, fesche Reiter
Die Spanische Hofreitschule

Wien leistet sich den Luxus, sein ältestes und schönstes Renaissancegebäude von 72 Lipizzanerhengsten bewohnen zu lassen, die, als wäre das nicht schon genug, zum Unterricht in einen der schönsten Barocksäle Österreichs kleppern.

Ein Wien-Besuch bringt auch dem Pferdefreund etwas, und das gleich in zweifacher Hinsicht: Überall in der Innenstadt sieht man die Fiaker, wie sie wohlgelaunte Touristen an den Sehenswürdigkeiten vorüberziehen. Und der Besuch der Spanischen Hofreitschule im Bereich der Hofburg ist für so manchen der Höhepunkt der ganzen Reise. Damit verbindet sich nämlich auch eine Reise in die Barockzeit: Seit mehr als 450 Jahren wird hier die „Hohe Schule" in der Tradition der Renaissance geübt, das gibt es weltweit nirgendwo sonst. Außerdem ist die Spanische Hofreitschule die älteste Reitschule der Welt. Die Übungsinhalte stammen aus einer Zeit, als Pferde unverzichtbare Fortbewegungsmittel mit immenser Bedeutung für die Kriegsführung waren. Sie wurden also ursprünglich nicht trainiert, damit man sich auf der Besuchertribüne daran erfreuen kann, sondern um ihre Einsatzfähigkeit auszubilden. Außerdem war es in erster Linie keine Schule für Pferde, sondern für den Jungadel, der hier die hohe Reitkunst erlernen konnte.

Das Ziel der Hofreitschule hat sich durch die Jahrhunderte gewandelt – längst geht es um die Perfektionierung der Reitkunst als Selbstzweck. Dabei soll das natürliche Bewegungsverhalten des Pferdes studiert und durch Training dessen Eleganz perfektioniert werden. Im Idealfall führt dies zu einer besonders harmonischen Zusammenarbeit von Pferd und Reiter. Die Ausbildung erfolgt heute natürlich nach den aktuellen Standards, also „zu jeder Zeit auf Augenhöhe".

Der Ausbildungsplatz der Pferde befindet sich schon lange in diesem

Bereich der Burg. Vor der Errichtung der Hofbibliothek (Josefsplatz) hieß dieses Areal „Tummelplatz“, hier fanden Tanzfeste statt, wenn der Platz nicht für die Reitpferde des Hofes genutzt wurde. In unmittelbarer Nähe befindet sich seit 1565 die Stallburg, Wiens ältestes und bedeutendstes Renaissancegebäude, in dem heute 72 Pferde untergebracht sind. 1575 wurde ein erstes Reitschulgebäude erbaut, von 1681 bis 1683 an der Stelle der späteren Hofbibliothek ein zweites. Von 1729 bis 1735 errichtete man die Winterreitschule: Sie befindet sich neben den Redoutensälen, als linker Flügel des an den Michaelerplatz angrenzenden Burgtrakts.

Die „spanische“ Eigenschaft der Hofreitschule liegt an der Herkunft der Pferde: Ursprünglich wurden sie vom in Spanien aufgewachsenen nachmaligen Kaiser Ferdinand I. aus Spanien nach Wien gebracht. Bei ihnen handelt es sich um eine Kreuzung aus spanischen, arabischen und Berber-Pferden. Sie fielen nicht nur durch ihre makellose weiße Farbe auf, sondern auch durch Gelehrigkeit, weshalb sie für die klassische Reitkunst besonders prädestiniert waren. Die heutigen Lipizzaner stammen von diesen edlen spanischen Pferden ab, was ebenfalls eine besondere Sehenswürdigkeit darstellt, der man allerdings auch im ruhigeren Rahmen ihres Trainingszentrums auf dem Heldenberg ansichtig werden kann. Nach dem Gestüt Lipica (ital. Lipizza, in der Nähe von Triest) werden sie seit mindestens 1786 Lipizzaner genannt – es ist die älteste Kulturpferderasse der Welt. Wo Lipizzaner draufsteht, sind jedoch heute – genetisch – nur noch 10 % der alten Lipizzanerrasse drin, weil man seit Beginn des 18. Jahrhunderts immer wieder andere Pferderassen eingekreuzt hat, um die Zucht zu verbessern. Heute werden Lipizzaner an mehreren Standorten in verschiedenen Teilen der Welt gezüchtet.

Die Winterreitschule diente keineswegs nur der Pflege der Reitkunst, sondern schon seit der Zeit Maria Theresias auch für Maskenfeste, Reiterspiele, Hofbälle und Karussells. Auch heute noch kann der prächtige Barocksaal für Bälle und andere Veranstaltungen genutzt werden.

Die Burgfront am Michaelerplatz entwickelte sich von links nach rechts. Im linken Teil ist die Winterreitschule untergebracht. Rechts davon stand bis 1888 das alte Burgtheater, unter Ferdinand I. als Gebäude für Ballspiele errichtet.

30 Reichskleinodien und Prunkzeug
Die gewaltige Wiener Schatzkammer

Die Reichskleinodien, darunter die Insignien des Heiligen Römischen Reiches Deutscher Nation, befinden sich seit Anfang des 19. Jahrhunderts nahezu ununterbrochen in Wien. Eigentlich waren jedoch Nürnberg und Aachen mit ihrer Verwahrung betraut worden.

Die Meisterwerke mittelalterlicher Goldschmiedekunst haben über das rein Materielle hinaus immensen ideellen Wert, denn sie symbolisieren die Herrschaft über jenes Großreich, das durch Jahrhunderte die Geschichte Europas dominiert hat. Heute liegen diese Pretiosen in der Schatzkammer in der Wiener Hofburg, sie sind die besonders kostbaren Glanzstücke einer sehr umfangreichen Sammlung, die auch viele andere Schätze enthält.

Die wichtigsten Teile der Reichskleinodien, des einzigen fast vollständig erhaltenen mittelalterlichen Kronschatzes, sind die Reichskrone, die Heilige Lanze und das Reichsschwert. Sie wurden seit 1424 jahrhundertelang (bis 1796) im Heilig-Geist-Spital in Nürnberg verwahrt und wurden aufgrund der Bedrohung durch Frankreich während der Koalitionskriege ab 1800/1801 in die Schatzkammer der Wiener Hofburg überführt. Der aus Nürnberg stammende Teil der Reichskleinodien besteht aus der Reichskrone, Teilen des Krönungsornats, dem Reichsapfel, dem Zepter, dem Reichs- und dem Zeremonienschwert, dem Reichskreuz, der Heiligen Lanze und allen übrigen Reliquien mit Ausnahme der Stephansbursa. In Aachen befanden sich bis 1794 die Stephansbursa, das Reichsevangeliar und der Säbel Karls des Großen. Die Heilige Lanze ist das älteste Stück und wird Heinrich I. zugeordnet. Im Platt dieser Lanze ist mit Silberdraht ein Eisennagel befestigt, der vom Kreuz Christi stammen soll. Bei etlichen Teilen des Schatzes ist nicht zweifelsfrei geklärt, wann sie zu den Kleinodien gekommen sind, möglicherweise haben sie auch frühere Stücke ersetzt, jedenfalls werden sie auf verschiedene Entstehungszeiten datiert.

Aus machtpolitischen Gründen führten die Herrscher bis Mitte des 15. Jahrhunderts die Reichsinsignien auf Reisen mit sich, um die Rechtmäßigkeit ihres Herrschaftsanspruchs belegen zu können. In einer Urkunde vom 29. September 1423 wurde die Stadt Nürnberg als Verwahrer der Reichskleinodien bestimmt, „auf ewige Zeiten, unwiderruflich und unanfechtbar". Am 22. März 1424 trafen sie dort ein. Jedes Jahr stellte man sie bei den Heiltumsweisungen auf dem Hauptmarkt aus. Außerdem verwendete man sie bei den Krönungen im Frankfurter Dom. Aber seit der Aufklärung hatten sie nicht mehr ihre konstituierende Funktion für das Reich, sondern wurden nur noch als Schmuck verstanden, so empfand beispielsweise Goethe bei der Krönung Josephs II. im Alter von 18 Jahren zum Deutschen König am 3. April 1764 das Gewand wie

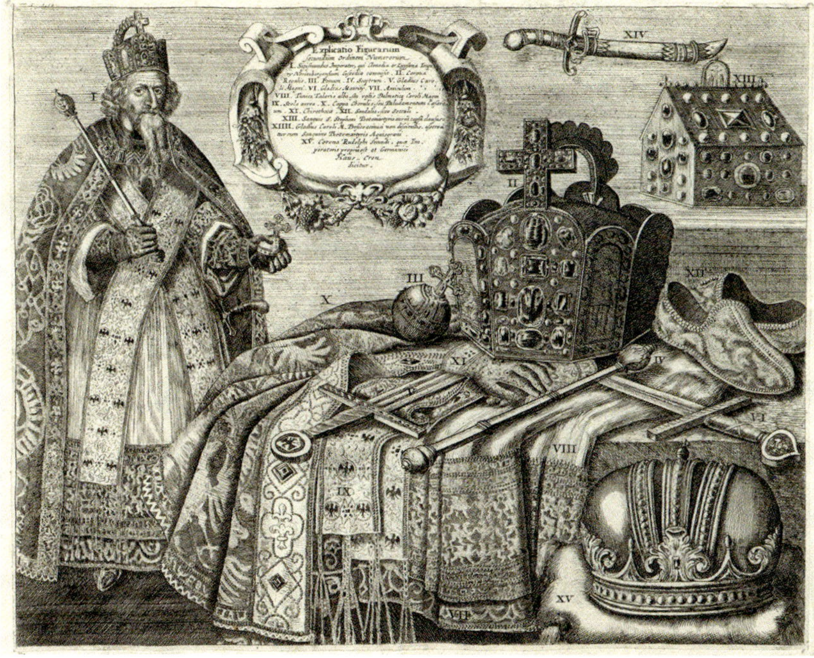

Abbildung des Kaiserlichen Ornats und anderer Kleinodien.

eine Verkleidung und die Krone als viel zu groß. Auch dem jungen Monarchen erschien dieser Insignienzauber wohl schon wie ein Anachronismus. So, wie heute kaum einer mehr etwas mit der Monarchie anfangen kann, waren viele Beobachter im 18. Jahrhundert von jenen Dingen befremdet, die zuvor für Jahrhunderte die Menschen in ihren Bann gezogen hatten.

Trotzdem verstand man Ende des 18. Jahrhunderts angesichts der Bedrohung durch Napoleon die Bedeutung, die ein Verlust dieser Gegenstände haben würde. Als sich die französischen Truppen näherten, brachte man die Aachener Stücke nach Paderborn. Bald darauf kamen die Franzosen nach Franken und einige der dortigen Stücke waren inzwischen in Regensburg, der Rest kam später nach. Seit dieser Aktion gelten einige Teile des Schatzes als verschollen. Bis 1800 wurden die Nürnberger Reichskleinodien im Kloster St. Emmeram aufbewahrt, danach kamen sie nach Wien. Die Aachener Stücke kamen 1798 nach Hildesheim und 1801 nach Wien.

Sowohl Nürnberg als auch Aachen versuchten in den Folgejahren mehrfach und intensiv, die Teile des Schatzes aus Wien zurückzubekommen, allerdings ohne Erfolg. In der Zeit des Nationalsozialismus wurden sie für kurze Zeit nach Nürnberg gebracht. Das hatte politische Gründe, weil Hitler hierdurch eine Verbindung zwischen dem Römisch-Deutschen und dem NS-Reich schaffen wollte. Sie sollten in einer Art Altar in einer riesigen Halle auf dem Reichsparteitagsgelände aufgestellt werden, provisorisch erfolgte dies allerdings in der Katharinenkirche. Wegen der Bombenangriffe wurden die Stücke schließlich unterirdisch eingebunkert. Nach ihrer Aneignung durch die amerikanischen Streitkräfte wurden sie auf Antrag der österreichischen Bundesregierung 1946 nach Wien überstellt, wo sie seit 1954 wieder in der Schatzkammer ausgestellt werden. An verschiedenen Standorten, darunter Nürnberg und Aachen, befinden sich heute Kopien der wichtigsten Stücke.

31 Die Geburtsstunde der Romantik
Von Beethoven zu Schubert

„Von Beethoven bis Schubert" ist zunächst eine problematische Formulierung, denn beide trennen Welten, beide gehören verschiedenen Epochen an, aber beide sind ganz wesentlich für die Musikgeschichte Wiens.

Schubert war kein Klassiker, weil er nicht die höchste Meisterschaft seines Fachs erreicht hat, insbesondere nicht in der formalen Gestaltung seiner Werke. Ein Romantiker war er jedoch auch nicht, denn er war weder vielseitig begabt noch breit gebildet. Die Werkformen, in denen er arbeitete, waren für ihn eher Zwang und Fessel als souverän verwendete Ausdrucksmittel. Außerdem fiel seine „übel angebrachte Gewissenhaftigkeit" schon 1897 auf und Musikkenner beklagen die geringe Formspannung seiner Werke. Anstatt seine vorhandenen Stücke zu perfektionierten, wandte sich Schubert nach eigenem Bekunden lieber einer neuen Komposition zu.

Als Franz Schubert in seinem Fach antrat, war die Klassik bereits gelaufen, hier konnte nun nur noch nachgearbeitet und nachempfunden werden. Was macht nun das Besondere an Schuberts Musik aus, deren unbestrittene Qualitäten in Harmonik und Kolorit liegen und die von einer Ideenfülle und Kraft zeugt, die sonst nur noch bei Beethoven zu finden ist? Richard Benz beschrieb es so: „Keine Stunde der deutschen Geschichte ist so heilig als der Augenblick, da der göttliche Funke überspringt von Beethoven zu Schubert, vom einsamen Schöpfer Geist in die empfangende Seele Volk." Viele Merkmale der romantischen Musik finden sich erstmals bei Beethoven, aber durch Schubert wurde daraus romantische Musik.

Franz Schubert kam 1797 im Himmelpfortgrund vor den Toren Wiens zur Welt, 1828 starb er in Wieden, beide Ortschaften wurden 1850 eingemeindet. Seine deutschen Eltern stammten aus Nordmähren und Schlesien. Mit fünf Jahren erhielt er Violinunterricht bei seinem Vater, mit sieben Orgelunterricht in der Pfarrkirche von Lichtental, mit elf Jahren nahm man ihn seiner schönen Stimme wegen als Sängerknabe in die Wiener Hofmusikkapelle und das kaiserliche Konvikt auf, in dessen Orchester er später zweiter Violinist wurde. Er erhielt dort viele musikalische Anregungen, nach einiger Zeit unterrichtete ihn Antonio Salieri in Komposition. In diesem fruchtbaren Umfeld liegen die Anfänge von Schuberts eigenem kompositorischen Schaffen.

Beruflich neigte er dem Schuldienst zu, 1814 wurde er Schulgehilfe seines Vaters, komponierte aber in der folgenden Zeit immer mehr, bald erwiesen sich beide Tätigkeiten als miteinander unvereinbar. Deshalb versuchte Schubert, als Komponist Fuß zu fassen, was jedoch am Unwillen der Verleger, seine Werke zu veröffentlichen, scheiterte. Auch eine Bewerbung als Kapellmeister in Laibach blieb erfolglos. Allerdings entwickelte sich sein Freundeskreis, aus dem er

Ob sich Beethoven gerade Schubert als Grabnachbarn gewählt hätte, mag man bezweifeln, weil dessen Schaffen sicher nicht dem Anspruch des Meisters genügt hätte.

wichtige Förderung bezog, weil Freunde seine Stücke ihrem jeweiligen Publikum bekanntmachten oder für ihn musikalische Zusammenkünfte veranstalteten. Außerdem halfen sie ihm auch finanziell aus, weil er keine Einkünfte hatte und die öffentlichen Auftritte ihm nichts einbrachten. Es dauerte bis 1818, ehe zum ersten Mal eine Schubert-Komposition im Druck erschien, wenn auch nur als Beilage zu einer Anthologie. 1818 und 1824 wurde er für wenige Monate beim Grafen Johann Carl Esterházy angestellt, für dessen beiden Töchter er kleine Stücke schrieb. 1819 hatte er seinen ersten Auftritt als Liedkomponist, im selben Jahr schickte er drei seiner Lieder an Goethe, womit er aber dem Vernehmen nach auch nichts erreicht hat. Den Lehrerberuf hatte er endgültig aufgegeben, Tag für Tag widmete er sich dem Komponieren. Ab 1820 entwickelte sich sein Stil weiter, nun wurden auch zwei Opern aufgeführt und da Schubert inzwischen schon etwas bekannter war, ließ sich auch der Verleger Anton Diabelli darauf ein, einige Werke zu veröffentlichen. Nun stellte sich auch der finanzielle Erfolg seiner Bemühungen ein, für die Veröffentlichung von Opus 1–7 und 10–12 bekam er zehnmal so viel wie das Jahressalär als Schulgehilfe, das weitere Einkommen bis 1828 lag einer Schätzung zufolge fast neunmal so hoch.

Aber dennoch blieb seinen neuen Werken, diesmal für die Bühne, die Anerkennung verwehrt, entweder lehnte man sie gleich ab oder setzte sie nach ein paar Proben ab. Schubert selbst nahm an Gewicht zu, trank Alkohol und litt unter Syphilis. Er soll viele Abende in Gasthäusern verbracht haben, laut einer Anekdote konnte er dabei ab und zu mit kleinen Kompositionen bezahlen. Sein Leben nahm 1825 noch einmal eine glückliche Wendung, er reiste nach Oberösterreich und schuf weitere wichtige Stücke.

32 Der Meister der Dosenstücke
Der Anekdotenschreiber Franz Gräffer

Ein gewaltiges Sittengemälde der Wiener schuf der vielseitige Schriftsteller Franz Gräffer um die Mitte des 19. Jahrhunderts, seine Anekdotensammlungen versprachen unter Titeln wie „Dosenstücke" oder „Tabletten" Memoiren, historische Novellen, Genreszenen, Fresken, Skizzen, Persönlichkeiten und Sächlichkeiten, Anekdoten und Kuriosa, Visionen und Notizen zur Geschichte und Charakteristik Wiens und der Wiener in älterer und neuerer Zeit.

Mit seiner Sammlung wahrer Berichte wie auch moderner Märchen in literarisch geschmeidiger und für den Geschmack des breiten Publikums bestens geeigneter Form erschuf Franz Gräffer en passant eine Stadtchronik aus bunten Einzelberichten, in denen das alte Wien konserviert ist wie sonst wohl nirgends. Gräffer kam aus dem Zeitungsjournalismus und veröffentlichte solche Geschichten regelmäßig als Zeitungsartikel. Mit der mehrbändigen Buchausgabe hat er nicht nur Wien ein unvergängliches Denkmal gesetzt, sondern auch sich selbst.

Dieser Anekdotenschatz wuchs über die Jahre immer weiter an, posthum kam auch noch „Das Buch des Scharfrichters" hinzu, in welchem der Verfasser allerlei Mord- und Gruselgeschichten aus Wien versammelte. Die Gräffer-Geschichten wurden schon bald nachgedruckt oder in Auswahl neu herausgebracht. Heute gehören sie zu den gesuchten Wien-Büchern im antiquarischen Buchhandel. Was sie für die historische Rückschau so wertvoll macht, ist vor allem ihr Faktenreichtum, mit dem sich viele geschichtliche, stadtgeschichtliche und volkskundliche Sachverhalte überprüfen und ergänzen lassen. Dargeboten wird dies in einem eleganten, feuilletonistischen Sprachstil, womit diese Bücher zugleich ein gutes Stück Regionalliteratur darstellen. Franz Gräffer hätte auch das vorliegende Buch mit 55 Meilensteinen der Geschichte Wiens auf seine besondere Art verfassen können: Er hätte auch hier aus historischen Fakten gute Geschichten gemacht.

Franz Gräffer war der Sohn des Verlegers, Buchhändlers und Militärschriftstellers August Gräffer und lebte von 1785 bis 1852. Sein Vater betrieb in der Innenstadt (Kohlmarkt 18, Herrengasse 2) ein Geschäft. Hier sowie in der Geistingerschen Buchhandlung arbeitete Franz Gräffer, bis er im Jahr 1908 freiwillig in die Landwehr eintrat, um sein Land gegen die französische Armee unter Napoleon I. zu verteidigen. Er wurde verwundet und kam in französische Gefangenschaft. Nachdem er wieder nach Wien zurückgekehrt war, wollte er 1810 eine Schlittschuhlaufanstalt eröffnen, was ihm jedoch nicht bewilligt wurde. Bei den Familien Liechtenstein und Harrach erhielt er Anstellungen als Sekretär und Bibliothekar, weniger Fortune hatte er als Verleger und Antiquar. Schließlich wandte er sich

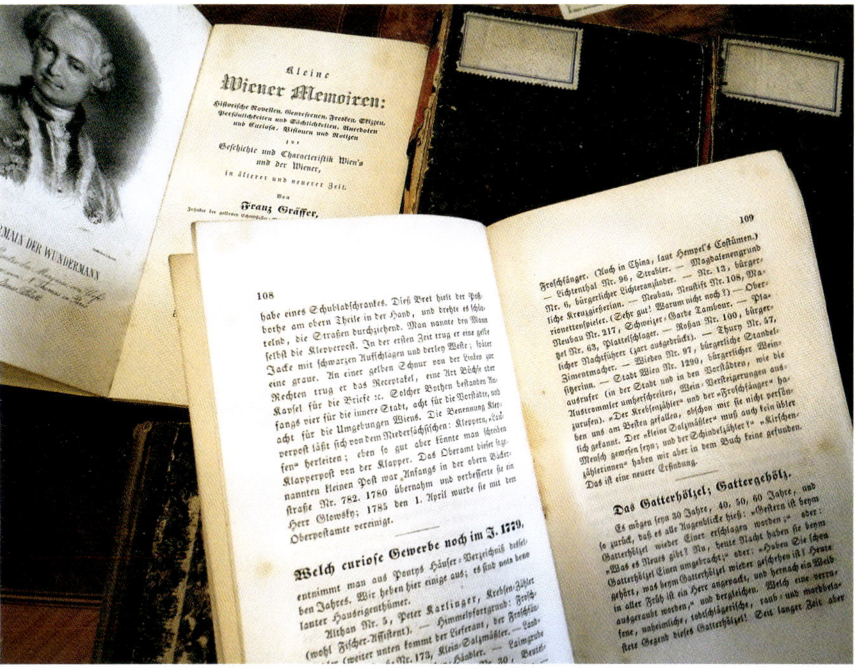

Originalausgaben Gräffer'scher Publikationen aus der Sammlung des Verfassers. Bis heute haben sie nichts von Wert und Spannung verloren.

der Arbeit als freier Schriftsteller zu und veröffentlichte etliche schöngeistige und kulturgeschichtliche Beiträge in Zeitschriften und Almanachen. Von 1816 bis 1819 führte er in der Renngasse 1 eine Buchhandlung. Er gründete 1817 das literarische Journal „Der Unbefangene" (ab 1818 „Conversationsblatt"), war dort aber ab 1821 nicht mehr Redakteur, sondern übernahm als solcher 1822 den „Literarischen Anzeiger". Parallel schrieb er auch für andere Publikationen, unter anderem veröffentlichte er mehrere Bücher. Ein zweites Antiquariatsunternehmen begann er 1825.

Die historischen Beiträge über Wien gehören dem Spätwerk Gräffers an, er begann damit erst im Jahr 1843 und legte dabei zunächst den Schwerpunkt auf die damals bereits verflossene josephinische Zeit (1780–1790). Diese Beiträge erschienen zuerst in Unterhaltungsblättern. In den Jahren 1845/46 wurden sie in fünf Bänden unter den Titeln „Kleine Wiener Memoiren" (drei Bände) und „Wiener Dosenstücke" (Bände 4 und 5) herausgebracht. Mit dem Titel „Dosenstücke" spielte Gräffer auf die Schmuckbildchen in Tabakdosen an. Er sah diese Arbeit durchaus als die eines Chronisten, und ihr schierer Umfang, der auch noch auf einige weitere ähnliche Veröffentlichungen ausgriff, zeigt seine Leistungsfähigkeit und Ausdauer auf diesem Gebiet. Gräffer wandte sich dabei gerade auch den unteren Klassen zu, die er in biographischen Skizzen verewigte.

Franz Gräffer war es nicht vergönnt, die Früchte seiner Arbeit auszukosten, im Jahr 1852 war er verarmt und geistig umnachtet. Es wird viel von Wiens Literaturbetrieb geschwärmt, von Molnar, Kafka, Torberg und Werfel. Franz Gräffer, der die Tore zu diesem Lichtermeer aufgeworfen hat und dem Wien seine eigentliche Chronik verdankt, wird dabei leicht vergessen.

33 Große Forscher und eine Schande
Die Wiener Medizinische Schule

Wien ist für vieles berühmt, und vieles davon ist einzigartig. In einigen wenigen Bereichen markierte Wien allerdings die Weltspitze, und hier ist sofort die berühmte Wiener Medizinische Schule zu nennen.

Die Wiener Medizinische Schule teilt sich in zwei Phasen, die ungefähr im Zeitraum von 1745 bis 1935 liegen und bedeutende Leistungen auf den Gebieten medizinischer Forschung und Lehre sowie klinischer Medizin in Wien und – von dort ausgehend – in Mittel- und Südeuropa umfassen. Die zweite Phase setzte um 1880 ein und machte Wien zum internationalen Mekka der Mediziner. Die politischen Ereignisse der 1930er-Jahre setzten dieser außerordentlich wertvollen Zeit ein jähes Ende, da die Verfolgung jüdischer Mediziner durch den Nationalsozialismus den medizinischen Wissenschaftsgeist in Wien entscheidend schwächte. Im 19. Jahrhundert hatte sich die absolute Spitzenklasse der medizinischen Forschung, Lehre und Klinik in Wien konzentriert, und wer in diesem Bereich hatte Großes erreichen wollen, der war in diese Stadt gezogen.

Die erste Phase der Wiener Medizinischen Schule nahm ihren Anfang kurz nach dem Regierungsantritt von Maria Theresia, die Gerard van Swieten als ihren Leibarzt bestellte. Er regte die Gründung einer modernen Lehrklinik für Wien an (eröffnet 1754), die „medizinisch-chirurgisch-praktische Lehrschule" im Bürgerspital. Die Lehrschule wählte Patienten aus und lehrte bzw. verfeinerte an ihnen die aktuellen Behandlungsmethoden. Doch schon um die Mitte des 16. Jahrhunderts hatte es im Bürgerspital medizinischen Unterricht gegeben. Der modernisierte medizinische Lehrbetrieb wurde mit Kapazitäten bestückt, so etwa Anton de Haen, Maximilian Stoll, Leopold von Auenbrugger und Anton Störck. Unter Joseph II. wurde 1784 das Erste Allgemeine Krankenhaus (heute als „Altes AKH" bekannt) errichtet. 1809 wurde es von Peter Frank neu organisiert. Johann Lukas Boër richtete hier die Geburtshilfe als eigenes Fach ein, ab 1812 gab es einen Lehrstuhl für Ophthalmologie (Georg Joseph Beer). In diese Zeit fällt auch der Übergang von der naturphilosophischen zur naturwissenschaftlichen Methode in der Medizin. In der Übergangszeit zwischen den beiden Phasen bekleckerte sich die Wiener Medizin nicht gerade mit Ruhm, was sich daran zeigt, wie ignorant man die bahnbrechenden Arbeiten von Ignaz Semmelweis ablehnte. Die Verpflichtung der Ärzte zur eigenen Reinlichkeit, um Wöchnerinnen nicht am Kindbettfieber erkranken zu lassen, wurde nicht einmal in seinem Freundeskreis akzeptiert. Er wurde ins Irrenhaus verfrachtet und zwei Wochen nach seiner Einweisung auf dem Anstaltshof von Pflegern geschlagen und zu Tode getrampelt, er starb am 13. August 1865. Bei seiner Exhumierung im Jahr 1963 stellte man zahlreiche Knochenbrüche fest. Die Klinikleitung hatte eine gefälschte Todesursache dokumentiert.

Die zweite Phase der Wiener Medizinischen Schule ist eng an den Namen Theodor Billroth geknüpft, der hier ab 1867 auf dem Gebiet der Chirurgie wirkte („Billroth-Schule"). Wiens medizinische Szene blühte in den folgenden Jahrzehnten sensationell auf, man kann kaum alles aufführen, was in dieser Zeit durch medizinische Größen in Wien erreicht und verbessert wurde. Zu den Großen ihres Fachs gehören Carl von Rokitansky, Rudolf Virchow, Joseph von Škoda, Ferdinand von Hebra, Theodor Meynert (Lehre vom Bau des Zentralnervensystems), Carl Stellwag von Carion (Entdecker der Übersichtigkeit), Heinrich von Bamberger, Leopold Schrötter von Kristelli, Johann von Oppolzer (Begründer der ganzheitlichen Diagnose und Therapie), Samuel Siegfried Karl von Basch, Gustav Gärtner, Julius Wagner-Jauregg, Karl Landsteiner, Róbert Bárány, Adolf Lorenz, Karel Frederik Wenckebach, Guido Holzknecht, Leopold Freund und Clemens von Pirquet – darunter auch einige Nobelpreisträger.

Unter den bedeutenden Zahnmedizinern sind wegen ihrer Leistungen in der Grundlagenforschung Bernhard Gottlieb, Rudolf Kronfeld, Balint Orbán, Joseph Peter Weinmann, Albin Oppenheim und Harry Sicher zu nennen. Sie gelangten nach ihrer Emigration in den USA zu hoher Anerkennung und Wertschätzung. Die klinische Zahnheilkunde der USA hat von ihnen bedeutende Impulse bekommen.

Schon im Ersten Weltkrieg kam es in der Wiener Medizin zu einer Zäsur. Der zweite gravierende Einschnitt, die Verfolgung der Juden ab 1938, zerstörte die ruhmreiche Tradition medizinischer Leistungen in Wien nahezu völlig.

Johann Lukas Boër, kaiserlicher Leibchirurg und Professor an der Wiener Universität.

Gerard van Swieten, Leibarzt der Kaiserin Maria Theresia, am Fuße ihres Denkmals.

34 Titanen der Psychologie im Streit
Sigmund Freud und Alfred Adler

Zu den großen Meilensteinen der Wiener Geschichte gehört auch die Entwicklung der Psychoanalyse und der Individualpsychologie, die für immer mit den Namen Sigmund Freud und Alfred Adler verbunden sein werden. Die Zusammenarbeit von Freud und Adler war von einem besonders großen Zerwürfnis bestimmt. So wurde gleich zweimal hintereinander eine große Tür zur menschlichen Selbsterkenntnis aufgestoßen. Wieder war Wien der Schauplatz großen Geschehens von weltweiter Bedeutung.

Sigmund Freud kam 1856 in Mähren als Kind jüdisch-deutscher Eltern zur Welt und starb 1939 in London. Als Begründer der Psychoanalyse zählt er zu den wichtigsten Denkern des 20. Jahrhunderts. Auf der Grundlage der Traumdeutung entwickelte er ein Erklärungsmodell für das Entstehen von Neurosen, in dessen Mittelpunkt die Sexualität, namentlich in frühen Entwicklungsphasen, stand. Bis heute werden seine Erkenntnisse diskutiert, kritisiert und weiterentwickelt. Wohl jedem ist der Begriff „Freud'sche Fehlleistung" schon einmal zu Ohren gekommen, doch nur wenige wissen, was er bedeutet. Auch das Strukturmodell der menschlichen Psyche (das Ich, das Es und das Über-Ich) hat sich längst im Allgemeinwissen etabliert. Auch Freud kam mit seinen Ergebnissen in Wien zunächst nicht gut an, lange wurde er ausgegrenzt, erst allmählich fand er einige Anhänger.

Freuds Erkenntnisse boten immer Angriffsfläche für Kritik, zunächst kam sie von Alfred Adler, dann von Carl Gustav Jung. Als seine wichtigste Mitstreiterin erwies sich seine Tochter Anna, die ihn bei Veranstaltungen vertrat und auch eigene Arbeiten veröffentlichte. Als besonders schmerzlich zeigte sich für Freud die Auseinandersetzung mit Adler, der zunächst sein Schüler und Mitarbeiter war, die Freud'schen Lehren aber alsbald verwarf. Breiteren Kreisen wurde er nur deshalb bekannt, weil er 1911 mit großer Szene aus dem eingeschworenen Zirkel rund um Freud ausstieg.

Alfred Adler kam 1870 in Rudolfsheim (seit 1892 Wien) als Kind einer jüdischen Familie zur Welt und erlag 1937 in Aberdeen einem Herzinfarkt. Er begründete die Individualpsychologie und prägte damit die Psychologie und Psychotherapie bis heute. Die noch relativ junge Neopsychoanalyse versucht viele Elemente der Freud'schen Psychoanalyse und Adlers Lehre in Einklang zu bringen, kommt dabei aber zu Einsichten, die sich auch schon in Adlers Schriften finden.

Adler bestritt 1911 den Ursprung der Neurose in der Sexualität. Die Folge war ein heftiger Streit, der auf beleidigende Weise ausgetragen wurde. Adler gründete seinen eigenen Verein für psychoanalytische Forschung und konnte hier seine Thesen ohne direkten Widerspruch des alten Meisters entfalten.

Alfred Adlers bahnbrechende Erkenntnisse konnten nur in der kreativen Auseinandersetzung mit dem Begründer der Psychoanalyse gemacht werden, im Grunde hat er – in der von ihm eingeschlagenen Richtung – die Grundlagen Freuds zu Ende gedacht. Was aber ist nun der wegweisende Unterschied zwischen den beiden Erklärungsmodellen?

Sigmund Freud hat das Verhalten des Menschen mit Instinkten erklärt, deren Produkt und Opfer er ist. Nach seiner Lehre ist der Mensch den tieferen Mächten des Seelenlebens unterworfen, dementsprechend schwer ist es für dieses triebgesteuerte Bündel, sein Schicksal zu ändern. Genau das glaubte hingegen Alfred Adler. Er erklärte das menschliche Verhalten nicht mit der Sexualität, sondern mit dem Minderwertigkeitsgefühl. Außerdem sah er den Menschen als unteilbare Einheit an und wich damit von dem Freud'schen Modell einer Dreiteilung ab. Adler hatte stichhaltige Erklärungen für körperliche Prozesse, die aus den seelischen Tiefen entstehen (Psychosomatik). Auch andere seelische Störungen konnte Adler entschlüsseln, weil er den Menschen als Teil eines sozialen Umfelds erkannte, er sah einen Zusammenhang zwischen der Neurose und der Eitelkeit: Das Kind strebt nach Anerkennung und sozialer Resonanz, und wenn es sie nicht bekommt, kann sich eine Verunsicherung einstellen, die durch Geltungsbedürfnis, Empathielosigkeit, Beziehungs- und Liebesunfähigkeit kompensiert wird. Im Unterschied zu Freud erkannte Adler außerdem die Möglichkeit gemischter Symptomatiken. Seine Lehre ist deshalb hilfreicher, wenn es um komplexe und uneindeutige Krankheitsbilder geht. Er beschrieb bereits Persönlichkeitsstörungen, die wir heute unter der Bezeichnung Borderline-Syndrom für eine Krankheit unserer Zeit halten.

Sigmund Freud 1885, als er Psychiater am Allgemeinen Krankenhaus in Wien war.

Bei Freud entwickelt sich das Seelenleben im Zusammenspiel von Ich, Es und Über-Ich, bei Adler hingegen durch Erfahrungen im sozialen Umfeld, vor allem in der frühkindlichen Entwicklung, und durch die Art und Weise, wie der Mensch mit ihnen umgeht.

35 Wo geht's hier zur Albertina?
Grabennymphen und Gürtelschnallen

Einem inzwischen etwas außer Gebrauch gekommenen Wiener Scherz zufolge fragte einst ein Herr, der auf dem Graben spazierte, einen Gendarmen: „Entschuldigung, wissen Sie vielleicht, wo es zur Albertina geht?" Der Ordnungswächter wiegte den Kopf und machte ein mitleidiges Gesicht: „Sie müssen schon verzeihen, mein Herr, aber mit Namen kenn' ich die nun auch nicht."

Der Scherz bezieht sich auf die besonderen, nämlich weiblichen Sehenswürdigkeiten dieser Flaniermeile, die sogenannten Grabennymphen der josephinischen Zeit, als man dem Graben auch die Bezeichnung „Schnepfen-Strich" beilegte. Kein einziges dieser offenherzigen, in vorteilhafte und farbenfrohe Rokoko-Kleider gehüllten und mit Kölnisch Wasser parfümierten Geschöpfe hätte sich so unschicklich gekleidet wie ihre Berufskolleginnen 200 Jahre später am Wiener Gürtel, denen nicht ganz zu Unrecht die weniger schmeichelhafte Bezeichnung „Gürtelschnallen" anhängt.

Straßendirnen des 18. Jahrhunderts waren besser gekleidet und traten eleganter auf als manche Dame der „gehobenen" Gesellschaft von heute. Und auch wenn in dieser Zeit der feinen Formulierungen und entwickelten Anstandsrituale auch kleine Ausrutscher ins Ordinäre sofort erkannt wurden, würde ein Zeitreisender von heute vermutlich gar nicht erkennen, wer mit wem da unter der Pestsäule gerade ins Geschäft kam. Am Graben promenierten bereits unter Maria Theresia die „Grabennymphen", wogegen auch eine Keuschheitskommission nicht viel ausrichten konnte. Bestraft wurde mit öffentlichen Auspeitschungen und Vertreibungen.

Wenn sich gerade hier, am Graben, dieses malerische Stück graziler Halbwelt etablierte, hatte das seine Ursache in der Veränderung des Charakters dieser Straße in den Jahren zuvor. Mit dem früheren Arkadenhof (aus der Renaissance, 1873 abgerissen) hatte hier ein sehr prägendes, repräsentatives Gebäude gestanden. An dieser zentralen und gut frequentierten Stelle wurde auch die Pestsäule errichtet. Die Hausbesitzer putzten die Fassaden ihrer Gebäude heraus, 1708 war die neue, prächtig barocke Peterskirche fertiggestellt, mit dem Bau des Trattnerhofes bekam der Graben später einen unvergleichlichen privaten Palast von internationalem Rang. Gleichzeitig schränkte man die Nutzung für Märkte immer weiter ein, 1753 endete die Zeit der Grünwarenhändler, 1772 verschwand der Christkindlmarkt. Hier promenierte fortan die städtische Gesellschaft, beispielsweise wird sich Mozart, der hier wohnte, bestimmt gerne ins abendliche Getümmel geworfen haben. Hier war deshalb für Freudenmädchen das aussichtsreichste Revier.

Sieht man sich Kupferstiche aus dieser Zeit an, kann man nichts Verwerfliches,

Das „Taschenbuch für Grabennymphen“ von 1787 hielt so manchen Hinweis und Ratschlag parat.

(30)

Sportel abwerfen; denn glaubet ja nicht, daß die jungen und alten Herren, die sich an diesen Tagen den Kirchen zudrängen, rein, wie die Seraphinen sind. Doch eure beste Jagdbahn muß für diesen Monat der Graben und Kohlmarkt seyn. Die Luft ist Abends gemeiniglich sehr kühl. Die Männer können sich also wieder, ohne Sonderlinge zu seyn, in ihre grosse Mäntel und Kapote hüllen, und ihre grosse, runde Eypeldauer-Hüte aufsetzen: eine Tracht, die sicher die Vorsicht der Ehmänner erfunden hat; denn die gnädige Frau mag zehnmal über den Graben fahren, so wird sie sich doch nicht bereden können, daß der Mann, der dort im Schatten der Laterne eben mit einer von euern Schwestern den Handel schließt, ihr Herr Gemahl sey. Die Anfangsstunde zur gewöhnlichen Jagd ist nach 5 Uhr.

Für

nicht einmal etwas Unsittliches erkennen, das Unerhörte bahnte sich hinter Fächern und zwischen zusammengesteckten Köpfen mit gepuderten Perücken an. Die hübschen Kleider und ostentative Sittlichkeit diente allerdings auch der Tarnung, denn da dieses Gewerbe verboten war und schon im Verdachtsfall streng geahndet wurde, konnte man sich nicht direkt zu erkennen geben. Also kleidete man sich als ehrbare Frau, Adlige oder Stubenmädchen und verlegte sich auf die Sprache der Blicke. Im Bereich des Grabens entwickelte sich auch eine Reihe von Scheingeschäften, die vordergründig meist als Blumenläden dekoriert waren, aber über verschwiegene Räumlichkeiten verfügten. Getarnt war außerdem die Prostitution in Kirchen, so knieten zumindest in der Michaelerkirche einige Sünderinnen, die auf ein diskretes Zeichen hin ihr Gebet beendeten, um dem jeweiligen Herrn zu folgen.

1787 erschien sogar ein „Taschenbuch für Grabennymphen“, in welchem sich, nach den Monaten des Jahres geordnet, allerlei Hinweise und Ratschläge für die jungen Damen finden. Diese Form der Freierwerbung war an ihre Zeit geknüpft, später verlegte sich die Prostitution in andere Gegenden. Ende des 18. Jahrhunderts wurde die Prostitution am Graben legalisiert, die Standplätze der Damen wurden mit Kreidestrichen markiert. Hiervon leitet sich die Redensart „auf den Strich gehen“ ab. In dieser Zeit etablierte sich auf dem Spittelberg eine etwas abgelegenere Szene, denn hier befand man sich bereits in einer Seitengasse und brauchte keine mehr aufzusuchen. Hier gab es einschlägige Lokale, die Mädchen erhielten die Bezeichnung „Bierhäuselmenscher“, angeblich ist sogar Kaiser Joseph II. hier einmal aus einem solchen Bierhaus (dem „Löberl“, heute „Witwe Bolte“) hinausgeworfen worden.

Die Rotlichtszene am Gürtel entstand erst relativ spät und wurde durch Projekte der Ortsbildverschönerung ein wenig hinter die Hausfassaden verschoben. Den Rest erledigen Studios und Massageinstitute.

36 Wiens große Sammlungen
Kunst- und Naturhistorisches Museum

Wenn man vom beeindruckenden Komplex der Neuen Hofburg, die sich halbkreisförmig um den Heldenplatz legt, über die Ringstraße geht, öffnet sich der große Maria-Theresien-Platz mit den beiden großen Museen, links dem Kunsthistorischen und rechts dem Naturhistorischen Museum. Dem Hofburgrund gegenüber hätte ein spiegelbildliches Gegenstück errichtet werden sollen, zusammen mit den Museen hätte das ein gewaltiges Kaiserforum ergeben. Aufgrund der Ereignisse im Ersten Weltkrieg und des Niedergangs der Monarchie wurde dieses Bauvorhaben nicht mehr begonnen.

Sowohl das Kunsthistorische als auch das Naturhistorische Museum zählt zu den größten Museen Österreichs und jeweils zu den weltweit bedeutendsten Museen ihrer Art. Beide gehören zu den größten und schönsten Historismus-Bauwerken der Ringstraße und zu den wichtigsten Sehenswürdigkeiten Wiens. Dementsprechend hoch ist die Besucherfrequenz. Die Baugeschichte beider Gebäude ist sehr ähnlich, nicht jedoch die Sammlungsgeschichte, auch wenn beide Sammlungen auf die Habsburger zurückgehen. Den Grundstock des Naturhistorischen Museums bildet die Naturaliensammlung Johann Ritters von Baillou, die Franz I. Stephan um 1750 erwarb. Sie war zu ihrer Zeit die größte Sammlung ihrer Art und enthielt seltene Schnecken, Korallen, Muscheln, Edelsteine und Mineralien. Sie entstammte ganz dem enzyklopädischen und universalistischen Geist ihrer Zeit.

Das Kunsthistorische Museum geht auf ältere und eigene Sammlungen der Habsburger zurück, vor allem auf die Porträt- und Harnischsammlung Ferdinands von Tirol, die großteils verstreute Sammlung Kaiser Rudolfs II. und die Gemäldesammlung von Erzherzog Leopold Wilhelm. Im 19. Jahrhundert wurde wegen der bis zur Unübersichtlichkeit erweiterten Bestände der Wunsch geäußert, sie in einem Gebäude zusammenzufassen. Als Ende 1857 die Entscheidung zur Schleifung der Stadtmauer gefallen war, wurden auch zwei Hofmuseen in die Planungen der Ringstraße einbezogen. Zu dieser Zeit gehörte die naturhistorische Sammlung bereits zum Staatsvermögen, wurde jedoch vom Kaiserhof verwaltet (Hofärar), wogegen die kunsthistorischen Sammlungen dem Kaiserhaus gehörten. Deshalb wurden beide Museumsbauten vom Hof in Auftrag gegeben. Und so sehr sie sich äußerlich auch gleichen, im Innern sind sie sehr verschieden und verstehen sich jeweils als eigenständiges Museum.

Beide Museen wurden von Karl Hasenauer und Gottfried Semper entworfen. Der Bau begann 1871. Das Naturhistorische Museum wurde 1889 eröffnet, das Kunsthistorische Museum 1891.
Im Gegensatz zu den meisten anderen Prachtbauten der Ringstraße waren die Fassadenfronten nicht der Straße zugewandt, sondern rahmten einen Platz

Das Naturhistorische Museum. Das Kunsthistorische Museum sieht außen genauso aus, ist innen aber anders gestaltet.

ein, der zusammen mit dem Heldenplatz das schon erwähnte Kaiserforum bilden sollte. Der Kaiser wollte die Museen nicht zu nahe an der Hofburg haben, deshalb wurde bei der Ausschreibung 1867 gleich der Platz festgelegt.

Hasenauer und Semper wählten als Baustil aus gutem Grund die Renaissance, die hohe Zeit des wiedergefundenen antiken Wissens. Im April 1869 wurde der Auftrag erteilt und im Juli 1870 schriftlich bestätigt. Die Idee eines großräumigen Kaiserforums kam dabei von Semper, sie gab den Ausschlag für die Annahme des Entwurfs. Allerdings starb Semper bereits 1879 und konnte deshalb die Fertigstellung dieser Bauwerke nicht mehr miterleben. Hasenauer hatte bereits ab 1877 die alleinige Bauleitung inne, was auch mit deutlichen Differenzen zwischen den beiden Architekten zusammenhing.

Beide Museen stellen wahre Paläste seltenster und wertvollster Exponate dar, was sich unter anderem daran zeigt, wie generös das Kunsthistorische Museum seine hochkarätigen Sonderausstellungen zum großen Teil aus den eigenen Beständen bestreiten kann (oder könnte). Zu zahlreichen wichtigen Vertretern aller Kunstepochen hat das Museum viele Stücke im Depot, und es wäre beliebiges Stochern, hierfür einzelne Namen zu nennen. Im Naturhistorischen Museum kann man sich einen profunden Überblick über alle Bereiche der Naturkunde verschaffen. Weder das eine noch das andere Museum ist an einem Tag zu schaffen, es ist deshalb angeraten, planvoll vorzugehen und sich vorher eine Liste derjenigen Ausstellungsbereiche zusammenzustellen, die man im Verlauf mehrerer längerer Besuche ansehen möchte.

37 Royales Traumpaar entliebt sich
Franz + Sisi früher und heute

Die Klischees rund um Franz und Sisi gehören seit dem 19. Jahrhundert zum Kapital dieser Stadt. Aber die Kaiserin war auch besonders politisch: Vielleicht war es zunächst Trotz und später dann wahres Interesse, das die Kaiserin Elisabeth zu den Anliegen der Ungarn hinzog.

Verschiedene ungarische Hofdamen hatten Sisi die ungarische Perspektive nähergebracht. Auch aus ihrer eigenen, zunächst sehr passiven Situation heraus bewunderte sie das Temperament dieses Volkes und solidarisierte sich mit ihm bald auch politisch. Damit wurde sie unversehens zur wichtigsten Diplomatin beider Reichsteile: Graf Gyula Andrássy konnte über sie den Kaiser beeinflussen, aber der Hof nutzte sie auch für seine Ungarnpolitik. Die Kaiserin äußerte einmal über den ungarischen Grafen: „Ja, das war eine treue Freundschaft und sie war nicht durch die Liebe vergiftet." Ohne den Ausgleich mit Ungarn 1867 hätte das Habsburgerreich vielleicht nicht so lange überdauert, eventuell wäre dann auch der Erste Weltkrieg anders, später oder gar nicht ausgebrochen. Die politische Tragweite der von Elisabeth ausgehenden Impulse geht weit über alles hinaus, was man in Wien gemeinhin mit den Franz-Sisi-Klischees verbindet. Ehe, Glück und Tragik des Kaiserpaars ist nur die leere Hülle inszenierter Persönlichkeiten.

Bis in die heutige Zeit wird der Sisi-Mythos warmgehalten und ausgeschlachtet, in Wien kann man jede Menge Sisi-Artikel bis hin zu Neuauflagen ihres legendären Sternenschmucks kaufen, es gibt ein Sisi-Museum, man kann die Kaiserappartements ebenso besichtigen wie die Räumlichkeiten in Schönbrunn. Bei Besichtigungen erfährt man etwas über den manischen Diätwahn von Sisi, man kann ihren Turnraum betrachten und wird im Sisi-Museum in der Hofburg sogar an der Originalfeile des Originalattentats vorbeigeführt. Der Originalkopf des Attentäters Luigi Lucheni wurde 1985 auf Ersuchen Österreichs nach Wien geschickt und in den Narrenturm gebracht, aber nicht öffentlich ausgestellt. Im Jahr 2000 setzte man ihn in aller Stille auf dem Wiener Zentralfriedhof bei.

Elisabeth soll im Familienkreise gesagt haben: „Ich wollte, meine Seele entflöge zum Himmel durch eine ganz kleine Öffnung des Herzens." Bei einem Kurzaufenthalt am Genfer See im Jahr 1898 wollte sie in der Stadt ein paar Besorgungen machen, für den Nachmittag war eine Bootsfahrt geplant. Auf dem kurzen Weg zur Schiffsanlegestelle wurden sie und ihre Hofdame Irma Gräfin Sztáray von Sztára und Nagy-Mihály von einem Mann eingeholt. Er zog eine Feile und stach sie der Kaiserin ins Herz. Sie schleppte sich noch auf das Schiff und brach dort zusammen. Lucheni wurde verhaftet, die Kaiserin in ihrem Salonwagen nach Wien überführt. Kaiser Franz Joseph hatte nun kurz nach dem Selbstmord seines Sohnes abermals einen schweren Schicksalsschlag zu verkraften.

Franz und Sisi in einer zeitgenössischen Xylographie.

Das öffentliche Mitgefühl galt daher in erster Linie ihm.

Die Art und Weise, wie mit all dem umgegangen wird, sagt vielleicht mehr über Wien aus als so manch anderes. Im Jahr 2018 drängte sich gar noch eine Autorin ins öffentliche Interesse, die ihrer ehemaligen Nachbarin, der Großnichte von Sisis Friseuse, bei Melange und Gugelhupf haarsträubende Klatschgeschichten abgelauscht hatte, unter anderem über wilde Liebschaften und eine Adler-Tätowierung auf der Hüfte. Hinter dem Vordergründigen und Plakativen verbirgt sich jeweils der eigentliche, aber unbekannte Mensch, und es ist jene, die voyeuristische Gier bedienende Sensationspublizistik, die Menschen, nur weil sie Majestäten sind, gegen Betonpfeiler hetzt.

38 Europa auf dem Ballhausplatz
Metternich und der Wiener Kongreß

Als Napoleon im Frühling 1814 besiegt war, ordnete man Europa neu – auf dem Wiener Kongreß, der von September 1814 bis Juni 1815 im Wiener Palais am Ballhausplatz (heute Bundeskanzleramt) stattfand. Hieran nahmen annähernd 200 Länder und Herrschaften teil, zunächst ging es dabei auch nicht so recht voran, wie man nicht nur an der langen Kongreßdauer, sondern auch an dem zeitgenössischen Spruch „Der Kongreß tanzt!" erkennen kann. Zu groß waren die Interessengegensätze vieler beteiligter Parteien.

Napoleon hatte in Europa zahlreiche Gebiete erobert und überkommene Gleichgewichte zerstört. Nun war es notwendig, eine neue, zukunftsfähige Ordnung zu schaffen. Den Kongreß leitete der österreichische Außenminister, Fürst Klemens Wenzel von Metternich. Das Ziel bestand in der Wiederherstellung der alten Verhältnisse vor den napoleonischen Eroberungen und in der Schaffung eines Gleichgewichts der Staaten, das den Frieden sichern sollte. Hierzu sollten auch die alten Monarchien von vor 1792 wieder eingesetzt werden (Restauration). Napoleons Eroberungen sollten rückgängig gemacht und Frankreich verkleinert werden. Zugleich wollten die fünf führenden Mächte Europas (Österreich, Preußen, Russland, Großbritannien und Frankreich) revolutionäre Gedanken und Taten unterbinden, damit ihre Macht nicht gefährdet war. In Österreich knüpfte sich daran in der Folgezeit der sehr restriktiv geführte Metternich'sche Polizei- und Spitzelstaat mit harter Zensur.

Der Wiener Kongreß wurde durch eine ganze Reihe öffentlicher Veranstaltungen sowie Festlichkeiten für die Kongreßteilnehmer begleitet, den Anfang machte bereits das große Militärfest im Prater am 18. Oktober 1814 (Bereich um das Lusthaus und Simmeringer Heide), mit dem man den Jahrestag der Völkerschlacht bei Leipzig beging. Hier konnte auch die Bevölkerung mitfeiern. Hofgesellschaft und Adel vergnügten sich am 22. Januar 1815 bei einer Schlittenfahrt von der Hofburg nach Schönbrunn, die Schlitten hatte man hierfür extra anfertigen lassen. Angehörige der gehobenen Gesellschaft luden in ihre Salons ein, wo man Konversation betrieb und sich mit den neuesten Werken aus Musik und Dichtung bekanntmachen konnte. Die starke Tendenz zur Wiedererrichtung des Vergangenen stand in deutlichem Kontrast zur Modernität der nun anbrechenden Epoche des Biedermeiers: Man versachlichte und vereinfachte die Formen, was man gut im Möbelbau, in der Mode, in der Architektur und auch in der Schriftgestaltung beobachten kann. Forschung und Wissenschaft brachten grundstürzende Neuerungen auf allen Gebieten, die Musik ging von der Klassik zur Romantik über, die Menschen schwankten zwischen den neuen, vorwärtsgerichteten Ideen und dem melancholischen Blick zurück

Prinz Klemens von Metternich war österreichischer Diplomat, der drei Jahrzehnte lang als Außenminister und Kanzler im Zentrum der europäischen Politik stand.

in ihre altvertraute Zeit. Diese Jahre zwischen dem Wiener Kongreß und der Märzrevolution von 1848 waren von einer intellektuellen, stilistischen und künstlerischen Höhe gekennzeichnet wie kaum eine zweite Epoche. Zudem wurde der empfindende Mensch innerhalb einer überwältigenden Natur erkannt: Die aufbrechende Romantik war weniger eine Sache des Sentiments als vielmehr des Individualismus.

Beim Wiener Kongreß wurde Europas Landkarte weitgehend neu gezeichnet, ohne auf die Identität der Volksgruppen Rücksicht zu nehmen. Beispielsweise wurde Polen zwischen Russland, Österreich und Preußen aufgeteilt, Finnland kam zu Russland. Istrien, Triest, Venedig und die Lombardei wurden Österreich zugeschlagen, dafür wurden die Niederlande unabhängig. Nicht nur die willkürlichen Verschiebungen der Herrschaftsräume ohne Berücksichtigung ethnischer Identität weckte den Unmut der Menschen, sondern vor allem der Versuch der Dynastien, zu den alten Strukturen zurückzukehren. Nicht lange nach dem Wiener Kongreß entwickelten sich daher, auch aufgrund der einsetzenden Industrialisierung und der von ihr verursachten sozialen Probleme, Protestbewegungen, die sich ab 1830 in Unruhen entluden (Julirevolution 1830 in Frankreich, März-, Mai- und Oktoberrevolutionen 1848). Einstweilen aber konnten es sich die Monarchen Europas noch ein letztes Mal in den ihnen vertrauten Verhältnissen behaglich machen. Viel Zeit blieb ihnen dafür nicht mehr.

39 Barrikaden und Beschießung
Die Revolution von 1848

Hatte die Restauration von 1815 den Geist der aufkeimenden bürgerlichen Partizipationsbewegung noch einmal zurück in die Flasche gedrückt, brach er nun in ganz Europa noch mächtiger hervor. Der Absolutismus war nicht mehr zu halten, die Menschen verlangten nach gewählten Volksvertretungen und verantwortlichen Ministerien, sie wollten die alten feudalen Verhältnisse abschaffen und vor allem verlangten sie Pressefreiheit, also eine ungehinderte Publizistik ohne Zensur.

Das Wien des Jahres 1848 war von einer unübersichtlich reichen Zeitungslandschaft, vielen politischen Gruppen und Vereinen, kurz: einer immensen Vielzahl von Ideen über politische Ziele und darüber, wie man sie erreichen könnte, geprägt.

Die österreichische Revolution von 1848 scheiterte in wesentlichen Punkten, und wer sich zu ihr bekannt hatte, konnte mit empfindlichen Strafen rechnen. Beispielsweise hatte Johann Strauß Sohn sich mit einigen Kompositionen als Sympathisant zu erkennen gegeben (Freiheitslieder-Walzer, Revolutions-Marsch, Burschen-Lieder, Studenten-Marsch, Liguorianer Seufzer, Brünner Nationalgarde-Marsch, Geißelhiebe) und sich damit bei der Zensurbehörde verdächtig gemacht. Er fiel dadurch zwischenzeitlich aus der kaiserlichen Gunst. Erst 1863 wurde er zum „k.k. Hofball-Musikdirektor“ ernannt. Und es sollte noch bis 1919 dauern, bis sich in Österreich die Demokratie vollständig durchsetzen konnte.

Zu den nationalen Zielen der Revolution gehörte die Zusammenfassung von Völkern gleicher Sprache zu einem Staatswesen, was den Vielvölkerstaat Österreich unmittelbar betraf, denn hier wurden nun die Unabhängigkeitsbestrebungen der nichtdeutschen Volksgruppen immer vernehmlicher. Man forderte auch die rechtliche Gleichstellung aller Staatsbürger, so etwa der Juden, und die soziale und politische Besserstellung der Fabrikarbeiter. Aus Frankreich kamen Nachrichten von der Februarrevolution und der Umwandlung des Königtums in eine Republik. Im Deutschen Bund, dem Österreich seit dem Wiener Kongreß angehörte, erreichte man zunächst viele Ziele. Dann jedoch wendete sich das Blatt, denn die zunehmende Radikalisierung der Aufständischen wurde von den Regierungen mit Gewehrsalven beantwortet. In Teilen der österreichischen Monarchie wurden die Aufstände zusammengeschossen und Militärregierungen eingesetzt.

Die Revolution von 1848 in Österreich kann man in die bürgerliche Märzrevolution, die von Studenten getragene Mairevolution und die von Fabrikarbeitern getragene Oktoberrevolution unterteilen. Die Märzrevolution wäre vielleicht anders verlaufen, wenn es nicht gleich zu Beginn erste Todesopfer gegeben hätte, weil Erzherzog Albrecht (jener kunstsinnige Graphiksammler, den wir von der Albertina

Das Niederösterreichische Landhaus in der Herrengasse in Wien.

kennen, und Stifter der geschmackvollen Canova-Gruppe in der Augustinerkirche) den Feuerbefehl gegeben hatte. Nun zerstörten Sozialrevolutionäre Läden und Fabriken in den Vorstädten und jagten den ungeliebten Fürsten Metternich aus dem Amt. Er floh nach England. Kaiser Ferdinand I. sagte zwar eine Verfassung zu, doch wurde diese ohne Beteiligung der Bürger formuliert, was zu neuen schweren Unruhen führte. Kaiser und Hof flohen am 17. Mai aus Wien, kehrten aber am 12. August wieder zurück. Im Oktober schließlich war die Lage gänzlich unübersichtlich geworden und hing sehr stark mit der Entwicklung in Ungarn zusammen. Ungarische Agenten und Wiener Radikale meuterten ab dem 6. Oktober 1848 gegen eine Truppenentsendung, sie ermordeten den Kriegsminister Latour und hängten seine Leiche an eine Laterne am Platz Am Hof, am 7. Oktober stürmten sie das kaiserliche Zeughaus, wobei es viele Todesopfer gab. Nun flüchtete die ganze Regierung (mit Ausnahme des Finanzministers), der Kaiser und sein Hof flohen nach Olmütz, 20.000 Bürger suchten ebenfalls das Weite. In Wien übernahmen die Radikalen die Macht, eine Armee unter dem Fürsten Alfred von Windisch-Graetz sollte die Stadt einnehmen. Ab dem 16. Oktober wurde Wien beschossen, der Angriff begann am 28. Oktober. Zwei Tage später versuchten ungarische Truppen bei Schwechat einen Entsatz, am 31. Oktober wurde Wien von den kaiserlichen Truppen eingenommen. Hier wurde nun eine Militärregierung eingesetzt, die bis 9. Mai 1849 im Amt blieb und viele Todesurteile fällte.

Historische Orte, die mit der Revolution von 1848 in Verbindung stehen:

Beim Landhaus in der Herrengasse nahm die Märzrevolution ihren Anfang. Bei der Beschießung Wiens durch die Kaiserlichen Ende Oktober wurde unter anderem der linke Seitenflügel des Gebäudeensembles auf dem Josefsplatz in Brand geschossen. In der Winterreitschule wurde am 22. Juli 1848 der Reichstag für das Kaisertum Österreich (ausgenommen Ungarn und Lombardo-Venetien) konstituiert. Die 383 Abgeordneten sollten die endgültige Verfassung ausarbeiten. Am 7. September legte dieser Reichstag die Aufhebung der Untertänigkeit und die Grundentlastung fest. Zu den bleibenden Errungenschaften der Revolution gehört außerdem die Verstaatlichung der Gerichtsbarkeit und der Verwaltung.

40 Die Erfindung der Popmusik
Die Strauß-Familie und der Walzer

Kein anderes Klischee ist so sehr mit Wien verknüpft wie die berühmte Walzermusik, die in zahlreichen Werken der Komponistenfamilie Strauß sowie einiger anderer Komponisten verewigt wurde. Der Wiener Walzer ist mehr als ein Tanz, er ist zugleich Musikstil und Lebensgefühl, seit vielen Jahrzehnten ist er sozusagen der „Soundtrack zur Stadt" und er ist es, der Wien hör- und fühlbaren Ausdruck verleiht.

Vielleicht macht diese Musik einen so starken Eindruck auf Einheimische wie Fremde, weil sich mit ihr eine spezifische regionale Ausdrucksform entwickelt hat, die es in anderen Städten so nicht gegeben hat. Wer das alte Wien des 19. Jahrhunderts verstehen will, sollte nicht auf die Wiener hören, sondern auf diese Musik.

Die Schöpfer der Wiener Walzermusik waren Joseph Lanner (1801–1843), Johann Strauß Vater (1804–1849), Johann Strauß Sohn (1825–1899), Joseph Strauß (1827–1870), Eduard Strauß (1835–1916), Karl Millöcker (1842–1899), Carl Michael Ziehrer (1843–1922), Franz Lehár (1870–1948) und Robert Stolz (1880–1975). Die klassische Epoche dieser Musik beginnt mit den frühen Konzerten von Johann Strauß Vater ab 1827 und reicht bis in die späten Jahre des Jahrhunderts. Unbestrittener Walzerkönig war Johann Strauß Sohn, über den es zahlreiche Zeugnisse höchster Anerkennung gibt. So äußerte etwa Johannes Brahms über ihn: „Er ist der Einzige, den ich beneide – er trieft von Musik, ihm fällt immer etwas ein." Giuseppe Verdi verehrte ihn „als einen meiner genialsten Kollegen", Richard Wagner bezeichnete ihn als den musikalischsten Schädel der Gegenwart und Richard Strauss bekundete: „Acht Takte von Wiener Blut und ich gebe eine ganze Oper dafür – es ist viel schwerer, einen schönen Walzer zu schreiben, als eine mittelmäßige Symphonie zu komponieren."

Dabei war die Geschichte der Strauß-Familie immer von Schwierigkeiten geprägt. Der Vater, selbst ein sehr erfolgreicher Walzerkomponist, stellte sich gegen den Sohn, der sich ebenfalls dem Beruf des Musikers zuwenden wollte. Später zerbrach die Familie, schließlich überwarfen sich teilweise auch die Söhne. Die Herstellung der Walzermusik wurde von der Familie „industrialisiert" und perfekt vermarktet, auf Tourneen wurde sie zudem zum Exportschlager. Johann Strauß Sohn wurde von seiner Mutter als Musiker auch deshalb gefördert, damit sie es ihrem verlorenen Gatten heimzahlen konnte.

Lebensweg und Musiklaufbahn der genannten Walzerkomponisten können im Rahmen dieses Kapitels nicht nachgezeichnet werden. Sinnvoller erscheinen einige Sehenswürdigkeiten im Zusammenhang mit dem Wiener Walzer und seinen Schöpfern.

Im Tanzlokal „Zum Sperl" und anderen Lokalen feierte Johann Strauß Vater ab 1827 seine ersten musikalischen

Johann Strauß im Stadtpark, eine der berühmtesten Statuen in Wien und absoluter Besuchermagnet. Von 1935 bis 1991 war sie ohne Vergoldung.

Erfolge. Dieses Haus befand sich in einer Seitengasse der Taborstraße, schräg gegenüber der Karmeliterkirche (heute Kleine Sperlgasse 2c). Im benachbarten „Hirschenhaus" (Taborstraße 17) mietete er 1833 oder 1834 vier Wohnungen, von denen er eine allein für seine musikalische Arbeit nutzte.

In Dommayers Casino, an dessen Stelle sich heute das „Parkhotel Schönbrunn" befindet, traten häufig Joseph Lanner und Johann Strauß Vater und Sohn auf. Johann Strauß Sohn hatte hier 1844 mit 24 Musikern sein Debüt. Das heutige „Café Dommayer" erinnert an diesen Vorläufer, befindet sich aber woanders.

In der Lerchenfelder Straße 15 befand sich bis 1890 das Geburtshaus von Johann Strauß Sohn. In der Kirche Am Hof wurde 1844 eine Prüfungsarbeit von Johann Strauß aufgeführt. Hier wirkte Joseph Drechsler, der den begabten Strauß-Sohn unterrichtete. Im Theater an der Wien wurden ab 1871 diverse Bühnenwerke von Johann Strauß Sohn aufgeführt und in der Hofoper 1892 seine einzige Oper „Ritter Pásmán". In der Johann-Strauß-Gasse 4 (damals hieß sie Igelgasse) konnte er sich 1876 ein Palais errichten lassen, wo er 1899 verstarb. Das Haus Laudongasse 49 gehörte ihm ab 1883. Weitere Strauß-Wohnungen befinden sich in der Singerstraße 21 (1862), Weihburggasse 2 und Kärntner Straße 11 (1864/1865 mit Jetty Treffz).

41 Die großen Wiener Orchester
Symphoniker und Philharmoniker

Im Zusammenhang mit dem Musikleben Wiens ist meistens von den Wiener Philharmonikern die Rede, und wer in Wien ein besseres Konzert besucht hat, dem bleibt der festliche Saal der Gesellschaft der Musikfreunde unvergessen. Das Orchester spielt auf Weltniveau, was sich auch in der Zusammenarbeit mit allen Dirigenten zeigt, die Rang und Namen haben. Es ist ganz typisch für Wien, wenn bei diesem Getue übersehen wird, wer das Konzertleben Wiens wirklich prägt: Es sind die Wiener Symphoniker, sie spielen hier hauptberuflich, ebenfalls auf Weltniveau und zudem ohne Starallüren.

Die Wiener Philharmoniker sind ein Verein von Musikern der Wiener Staatsoper, die Wiener Symphoniker sind hingegen das Konzertorchester der Stadt. Sie spielen einen Großteil der Konzerte und tragen damit das Wiener Musikgeschehen ganz wesentlich mit, sowohl im Konzerthaus als auch im Musikverein. Bei den Bregenzer Festspielen und im Theater an der Wien wirken sie als Opernorchester, außerdem beehren sie viele Länder mit Gastspielen und Tourneen. Bei ihrer Gründung als „Wiener Concertverein" im Jahr 1900 sollten sie den steigenden Bedarf an Konzerten, gerade auch Uraufführungen, abdecken. Musikkonzerte sollten nicht einem elitären Publikum vorbehalten sein, sondern für alle erreichbar werden. Der heutige Name stammt aus der Anfangszeit der 30er-Jahre, als der Conertverein mit dem 1907 gegründeten Tonkünstlerorchester fusionierte. Das Orchester wurde nach dem Zweiten Weltkrieg neu gegründet, von 1950 bis 1960 wurde es von Karajan in den weltweiten Spitzenbereich geführt. Auch die Dirigenten späterer Jahre arbeiteten als künstlerische Leiter meistens sehr eng mit dem Orchester zusammen.

Nach der Gründung der Wiener Philharmoniker 1842 verlegte sich die Gesellschaft 1851 bei ihren Konzerten auf Berufsmusiker, die Chormusik verblieb bei den ausübenden Mitgliedern. Heute gilt dieser Amateurchor als einer der besten Konzertchöre weltweit. Ab 1859 konnten ausübende Mitglieder in einem „Orchesterverein" spielen. 1863 erhielt die Gesellschaft im Rahmen der Gestaltung der Ringstraße einen Baugrund für ein größeres Gebäude. Dieses wurde 1870 eröffnet, beim Ball dirigierte Johann Strauß Sohn seinen Walzer „Freuet Euch des Lebens", den Kleinen Musiksaal weihte Clara Schumann mit einem Konzert ein. 1872 improvisierte Anton Bruckner auf der neuen Orgel, Johannes Brahms wurde „Artistischer Director", gab diese Funktion aber nach drei Jahren ab. Ab 1900 arbeitete die Gesellschaft eng mit dem Concertverein (den späteren Wiener Symphonikern) zusammen.

Die Gesellschaft der Musikfreunde war jedoch keineswegs nur ein Zustimmungsverein, sondern auch Schauplatz von Kritik, Zurückweisung und Tumult: Als 1877 Anton Bruckner seine dritte

Das Musikvereinsgebäude ist der Tempel für klassische Darbietungen schlechthin, sein Goldener Saal ist weltberühmt, große Meister gingen hier ein und aus.

Symphonie aufführte, kannte das Publikum kein Halten mehr und strömte in Scharen den Ausgängen zu. Zwei Dutzend blieben bis zum Ende. Und ein Konzert mit neuer Musik, das 1913 von Arnold Schönberg geleitet wurde, wuchs sich zu Tumulten und Handgreiflichkeiten aus, die Polizei rückte an und man brach die Veranstaltung ab.

Die Wiener Philharmoniker schließlich, das international renommierte Vorzeigeorchester Österreichs, wurden 1842 gegründet. Schon Ende des 18. Jahrhunderts griff man für Aufführungen auf die Berufsmusiker der Theater zurück. Als 1842 im großen Redoutensaal eine „Philharmonische Academie“ mit dem „Sämmtlichen Orchester-Personal des k.k. Hof-Operntheaters“ stattfand, trat damit die bis heute gültige „Philharmonische Idee“ ans Licht, nach der sich die im Orchester der Wiener Staatsoper beschäftigten Musiker in demokratischer Selbstbestimmung zu Konzertveranstaltungen zusammenfinden können. Diese Orchestergemeinschaft arbeitet künstlerisch, organisatorisch und unternehmerisch in Eigenverantwortung. In den vielen Jahren ihres Bestehens umschifften die Philharmoniker so manche Klippe, heute stehen sie an der Weltspitze. Aber wer sie mit den Wiener Symphonikern vergleicht, die weitaus mehr Konzerte spielen und in ihrem Berufsalltag viel weniger Freiheiten haben, der wird keinen Unterschied hören.

42 Als Wien zur Weltstadt wurde
Von der Stadtmauer zur Ringstraße

Schon seit der Antike war Wien durch Befestigungen geschützt, die eigentliche Stadtmauer stammte jedoch aus dem Mittelalter. Das für Richard Löwenherz (gefangengenommen 1192) gezahlte Lösegeld wurde unter Leopold V. für die Zuschüttung des vom Stephansdom bis zur Freyung verlaufenden Grabens sowie die Errichtung der Stadtmauer aufgewendet.

Nur wenige integrierte Abschnitte erinnerten noch an die frühere Stadtbefestigung, so zum Beispiel das Peilertor zwischen Kohlmarkt und Tuchlauben. Im Mittelalter entstanden mehrere Tore. Um die Wende zum 14. Jahrhundert wurden die Stadttore errichtet, an die teilweise noch Straßennamen erinnern: das Kärntnertor, das Widmertor, das Schottentor, das Werdertor, das Stubentor und das Rotenturmtor. Nach der ersten Türkenbelagerung 1529, die im Bereich des Kärntnertors ansetzte, wurde die Modernisierung der Stadtmauer aktuell.

Die Stadt wuchs schnell. Umliegende Dörflein wurden vom sich rasch ausdehnenden Stadtgebiet verschluckt, im 19. Jahrhundert wurde die alte Stadtmauer als unzeitgemäß empfunden. An Weihnachten 1857 verkündete Kaiser Franz Joseph I. seine Entschließung, die Stadtmauer schleifen zu lassen und den dadurch freiwerdenden Platz für die Erweiterung der Inneren Stadt zu verwenden. Hier sollten einerseits die wichtigsten Gebäude des Reiches stehen, andererseits versprach man sich davon eine engere Anbindung der außerhalb dieses Rings gelegenen Vorstädte an die Innere Stadt. Allerdings ging es dabei keineswegs nur um die Mauern selbst. Das davorliegende Glacis, eine unbebaute romantische Freifläche, auf der sich trefflich promenieren ließ, wurde in die Planungen miteinbezogen. In Gestalt der an der Ringstraße befindlichen Parks ist ein kleiner Teil davon noch heute zugänglich.

Der Abbruch der Stadtmauer begann 1858 beim Donaukanal, im selben Jahr wurde ein Architekturwettbewerb ausgeschrieben, an dem sich alle bedeutenden Wiener Architekten beteiligten. Mit dem Verkauf der Grundstücke wurden die staatlichen Repräsentationsbauten mitfinanziert. Deshalb ist eine Fahrt über die Ringstraße seither eine Besichtigungstour von besonderem Format, wir sehen hier historische Spitzenarchitektur. Das Parlament, das Rathaus, die Börse, das Burgtheater und die Staatsoper sowie die beiden Museen sind nur einige Beispiele davon, wie hier städtebaulich aus dem Vollen geschöpft wurde. Dazwischen befinden sich zahlreiche Wohn- und Privathäuser. Die Grundstücke an der neuen Ringstraße waren nicht billig, aber wer hier baute, hatte sich ein ganz besonderes Stück Wien gesichert – übrigens bis heute. Die Linie 2 fährt auf der Strecke, die einst dem Lastentransport diente.

Bis 1972 wurde die Ringstraße von Autos in beiden Richtungen befahren, erst dann wurde sie zur Einbahnstraße.

Die Schleifung des Werdertors im Jahr 1860.

Seit den 90er-Jahren gibt es hier auch gut ausgebaute Radwege. Für politische Bekundungen wird die Ringstraße gerne genutzt, außerdem wird sie immer wieder gesperrt, um die Konvois von Staatsgästen darüber fahren zu lassen.

Für den Touristen bietet die Ringstraße sehr viele Möglichkeiten, von hier aus kann man bequem jeden Bereich der Innenstadt erreichen, insofern hat sich durch den Bau der Ringstraße die Perspektive auf die ganze Stadt verändert. Man kann sich aber auch auf die sehr sehenswerte Ringstraßenarchitektur konzentrieren und für eine Rast einen der Parks aufsuchen. Zugleich stellt die Ringstraße die Verbindung zu den inneren Vorstädten her, so kommt man beispielsweise hinter dem Karlsplatz schnell zum Naschmarkt, über das Museumsquartier leicht in die beliebte Mariahilfer Straße sowie zum Spittelberg und hinter dem Rathaus in den malerischen achten Bezirk. Man braucht immer nur über die Straße zu gehen, und dabei ist nur den wenigsten klar, wie sie hier unversehens die Grenze des ursprünglichen Wiens überschreiten.

Wer sich einen Eindruck von der alten Substanz der Stadtmauer verschaffen will, der braucht sich nur bei der U-Bahn-Station Stubentor umzusehen, denn dort steht noch ein Stück davon. Wie dort gut zu erkennen ist, hat Wien durch die Abtragung der alten Befestigung zwar viele Möglichkeiten gewonnen, dabei aber auch ein wesentliches altes Stück Stadtgeschichte verloren. Dem Modernisierungsgeist der zweiten Hälfte des 19. Jahrhunderts ist vieles zum Opfer gefallen, was eigentlich bewahrenswert war. Es ist unwiederbringlich verloren, aber Wien blühte auf und wurde zur Weltstadt.

43 Eine Stadt in der Stadt
Der Hofburgkomplex

Wenn ein Herrschergeschlecht seine Residenz ausgerechnet zum Ende seiner vielhundertjährigen Herrschaft auf eine Größe von 24 Hektar (ungefähr halb so groß wie der Vatikan) ausdehnt und sich zugleich in der Sommerresidenz Schönbrunn einrichtet, die mit 160 Hektar so groß ist wie das Fürstentum Monaco, ist das sicher auch ein Symbol für die Hybris und Überdehnung sowohl des Habsburgerreichs als auch der Kaiserfamilie.

Vom Heldenplatz bis zum Museumsquartier war die Errichtung eines gigantomanischen Kaiserforums geplant, die jedoch nicht mehr ausgeführt wurde. Die Wiener Hofburg mit ihren endlosen Gängen, Stiegen, Innenhöfen und hunderterlei Zimmern wirkt so, als hätte Franz Kafka sie nicht besser ersinnen können, und zugleich erinnert sie ein wenig an die Verwinkelungen des menschlichen Geistes. Interessanterweise hat die Österreichische Nationalbibliothek große Teile dieses Gebäudekomplexes, vor allem in der Neuen Burg am Heldenplatz, durchdrungen und durchzogen. Die Hofburg ist außerdem Amtssitz des Österreichischen Bundespräsidenten und beherbergt auch das Bundesdenkmalamt.

Als Residenz der Habsburger wurde die Hofburg vom 13. bis ins 20. Jahrhundert immer weiter ausgebaut, unter anderem aufgrund der Errichtung je eines neuen Wohntrakts für jede Herrschergeneration. Daraus ergab sich für die Republik Österreich jede Menge Platz für Einrichtungen des Bundes und für die Repräsentation auf hohem Niveau.

Für die ältesten Teile wird als Baubeginn das frühe 13. Jahrhundert veranschlagt. Der Babenberger Leopold VI. soll die Anlage gegründet haben, der böhmische König Ottokar II. Přemysl hat die Burg erweitert. Zu dieser Zeit handelte es sich bei der Burg um einen mit Wehrtürmen versehenen Abschnitt der Stadtbefestigung. Erst in der Mitte des 16. Jahrhunderts wurde die Burg zur Residenz, seither wurde sie in allen Baustilen erweitert, so lassen sich in der Hofburg die Baustile der Gotik, der Renaissance, des Barock und des Historismus nebeneinander besichtigen.

Heute teilt sich die Hofburg in Bereiche, die von Dienststellen des Bundes genutzt werden, in Museums- und Forschungsbereiche, das OSZE-Zentrum, die Spanische Hofreitschule und noch einiges mehr. Die Museen werden wiederum von verschiedenen Stellen verwaltet.

Dem interessierten Besucher präsentiert sich Wien hier von seiner Schokoladenseite, man bekommt die Kaiserappartements, das Sisi-Museum und die Silberkammer gezeigt, kann sich die hübschen Lipizzanerpferde ansehen und sich bei einem Besuch der Kaiserlichen Schatzkammer die wertvollsten Kleinodien und Schmuckgegenstände Kontinentaleuropas ansehen. Selbst die Küchenutensilien des Kaiserhauses,

Der Innere Burgplatz mit dem Kaiser-Franz-Denkmal.

endlose Reihen kupferner Kochgefäße, Geschirr, Besteck, Karaffen und Garnituren in verschiedensten Materialien stehen dem Betrachter offen. Hinter diesem habsburgischen Zuckerfondant Wiener Tourismusseligkeit tun sich aber durchaus Abgründe auf: Wer erahnt schon die Unterminierung des Heldenplatzes durch den Tiefspeicher der Bibliothek, und wer kennt den unterirdischen Gang zum Bundeskanzleramt? Hartnäckig hält sich sogar das Gerücht über einen Geheimgang nach Schönbrunn.

Wenn man sich bei einem Besuch der Hofburg für einen Bereich entscheiden soll, ist die Schatzkammer sicher die beste Wahl. Auf dem Weg dorthin kann man sich einen Überblick über die verschiedenen Baustile der Burg verschaffen und sich dabei in eine Zeit zurückversetzen, als sich hier das politische Machtzentrum eines Großreichs befand. In der Schatzkammer befinden sich die Insignien der österreichischen Erbhuldigung, des Kaisertums Österreich, des Heiligen Römischen Reiches deutscher Nation, des Ordens vom Goldenen Vlies, außerdem das Burgundische Erbe und der Habsburg-Lothringische Hausschatz. Das sind überwältigende Schätze! Dabei handelt es sich hierbei, lakonisch ausgedrückt, um eine Abteilung des Kunsthistorischen Museums.

44 Das Ende der Biedermeierfriedhöfe
Die romantischen Wiener Parks

1874 wurde der gewaltige Wiener Zentralfriedhof eröffnet, eine wahre Totenstadt. Ehrengräber würdigen nahezu alle wichtigen Persönlichkeiten der neueren Stadtgeschichte, selbst wenn sie gar nicht die richtigen Gebeine enthalten. Für eine Besichtigung dieses Friedhofes sollte man sich viel Zeit nehmen, unter anderem aufgrund seiner sehr randständigen Lage. Was aber wurde aus den Vorgänger-Friedhöfen aus der Zeit Josephs II.?

Städte sind in ihrer Entwicklung immer wieder Umgestaltungen unterworfen. Ab 1923 vollzog sich eine davon in Wien, wo in dieser Zeit mehrere Friedhöfe eingemeindeter Orte zu Parkanlagen umgestaltet wurden. So konnten inmitten der Stadt neue Parks geschaffen werden, wodurch die Wohnsituation der Stadtbevölkerung verbessert wurde. Bis 1928 entstanden auf diese Weise acht Parkanlagen mit einer Fläche von rund 200.000 Quadratmetern.

Den Wert des Sankt Marxer Friedhofs als Begräbnisstätte Mozarts erkannte vor allem der Hauptschuldirektor und Heimatforscher Hans Pemmer, der seine Erhaltung durchsetzte. Auch wenn der Friedhof nicht in einen Park umgestaltet wurde, bietet er doch parkähnliche Erholungsmöglichkeiten.

Am nördlichen Rand des dicht verbauten 10. Bezirkes befindet sich der Waldmüllerpark, einst der katholische Friedhof von Matzleinsdorf, 1784 auf Befehl Kaiser Josephs II. angelegt. 1879 wurde er für Begräbnisse gesperrt und in den 20er-Jahren zum Park umgestaltet. Beethovens Bruder war hier begraben. An den Friedhof erinnern eine Friedhofsmauer, eine Steinlaube und eine Steinpergola beim Haupteingang, aus dem Gelände der Friedhofsgärtnerei wurde ein Kindertagesheim.

Der Haydnpark geht auf den mit 31.000 Quadratmetern kleinsten der „communalen Friedhöfe" zurück, den Hundsthurmer Friedhof, 1783 eröffnet und für die Einwohner Margaretens und Mariahilfs gedacht. Vom Friedhof ist nur noch der Grabstein Joseph Haydns erhalten. Der berühmte Komponist ruhte hier von 1809 bis 1820 und wurde dann nach Eisenstadt überführt.

Der Streckerpark entstand bereits 1908 auf dem Areal des 1876 aufgelassenen Ober-Sankt-Veiter Ortsfriedhofes, 1912 kam es zu einer Vergrößerung. Dieser Park zeichnet sich durch viele ältere Bäume aus, die ihn teilweise einfrieden.

Der größte der „communalen Friedhöfe" war mit etwa 74.000 Quadratmetern der Schmelzer Friedhof, der seit 1928 als Märzpark offensteht. Sein Name geht auf ein Scharmützel im März des Revolutionsjahres 1848 zurück, nach dem hier 35 Gefallene beerdigt wurden. Seit 1888 ruhen sie auf dem Zentralfriedhof. Ein kleiner Gedenkstein im Märzpark weist auf die Geschehnisse hin. 2004 unterkellerte man den Park zu einem Drittel mit einer Tiefgarage, danach wurde der Park neu gestaltet.

Blick in den Waldmüllerpark.

Der Währinger Allgemeine Ortsfriedhof, errichtet 1783, diente vielen Prominenten als Ruhestätte. 1923 wurde dieser Friedhof als erster in einen Park umgewandelt, den Währinger Park. Auf Anfrage kann ein kleiner Hain mit 58 Grabsteinen besichtigt werden. Auf dem Areal des (älteren) Währinger Ortsfriedhofs, 1769 geweiht, 1841 erweitert, 1873 geschlossen, entstand der Währinger Schubertpark. Aus rund 40 bedeutenden biedermeierlichen und frühhistoristischen Grabmälern wurde ein Gräberhain gestaltet. Die ehemaligen Grabstellen Beethovens und Schuberts an der Ostseite des heutigen Parks blieben erhalten. 2003 wurde auch hier eine Tiefgarage eingebaut und der Park danach umgestaltet.

Auf der Fläche des alten Döblinger Friedhofes entstand der Strauß-Lanner-Park. Hier ruhten bis 1927 die berühmten Komponisten Johann Strauß (Vater) und Joseph Lanner. Der Park wurde 1928 eröffnet, die beiden wichtigen Grabsteine verblieben dort.

Der Hans-Hirsch-Park befindet sich auf dem Gebiet des 1903 geschlossenen Donaufelder Friedhofes, eröffnet wurde er 1924. Die Hauptachse des Parks bildet eine von alten Gehölzen umstandene Lindenallee. Hecken grenzen den Park nach außen ab.

45 Wo der Schmäh zuhause ist
Die Fiaker als Wiener Institution

Wenn Sie einen echten Wiener Fiaker fragen, ob „seine Kutsche" noch frei ist, dann werden Sie erstens die dunkle Seite Wiens kennenlernen und zweitens nie wieder diesen Fehler machen. Die Fiaker – der Begriff schließt sowohl das Gefährt als auch seinen Kutscher ein – halten sehr viel auf sich, was auch die Kenntnis der Örtlichkeiten und Geschichte Wiens beinhaltet, insbesondere halten sie sich für echte Wiener, für eine originale Sehenswürdigkeit und manches mehr.

Die historische Nähe zwischen Fiakern und Wiener Halbwelt wurde in der zweiten Hälfte des 19. Jahrhunderts in unnachahmlicher Weise durch die legendäre „Fiakermilli" (Emilie Turecek) verkörpert, die im knappen Jockey-Kostüm mit Reitstock und Stiefeln im „Sperl" obszöne Lieder sang und der die Herzen (und Geldbörsen) der Lebemänner zu Füßen lagen. Die Verbindung der Fiaker zur Halbwelt wie auch zum Volksgesang gab es auch anderswo: Der Fiaker „Bratfisch" beispielsweise machte so manche amouröse Fuhre für Kronprinz Rudolf, außerdem sang er auch.

Der Begriff Fiaker stammt aus dem Französischen. In Paris gab es schon 1662 in der Rue Saint-Fiacre einen Stellplatz. Um 1670 kamen die Fiaker auch in Wien in Gebrauch, sie wurden bald reglementiert: So war für ihren Betrieb eine Lizenz erforderlich. Im 18. und 19. Jahrhundert gab es weitaus mehr Fiaker als heute: Unter Joseph II. waren es 648 und bei Regierungsantritt Franz Josephs I. 680. Es gab und gibt verschiedene Arten von Fiakern, darunter offene und geschlossene Wagen, Einspänner und – für die Landpartie – Landauer. 1859 gab es in Wien 22 Standplätze für Fiaker und 70 für Einspänner. Im Jahr 1890 wurde auf dem Trabrennplatz ein Fiakerrennen veranstaltet. In Erdberg gab es ein Fiakerdörfel, wo viele der Kutscher wohnten, in der Rüdengasse 3 und an anderen Adressen befinden sich noch ihre Häuser.

Längst wurde die Institution der Fiaker in das Potpourri vorzeigbarer Wiener Klischees aufgenommen und mit einem Fiakerlied sowie dem Fiakergulasch gewürdigt. Jene feine Schattenlinie, bei deren Übertritt sich der Fiaker vom alltäglichen Transportmittel in eine nostalgische Touristenattraktion verwandelte, liegt ungefähr in der Zeit des Ersten Weltkriegs. Seither werden die bis heute beliebten Wagen für Ausflüge, feierliche Anlässe sowie Stadtrundfahrten gebucht. Doch auch heute noch wird viel reglementiert: Im Jahr 2004 wurden die Unternehmen dazu verpflichtet, jedes Pferd mit einer an der Rückseite angebrachten Tasche auszustatten, in der während der Fahrt die Pferdeäpfel gesammelt werden. Außerdem bekommen seither alle Tiere einen Chip eingepflanzt.

Die Fiaker gelten im Großstadtverkehr außerdem als problematisch aufgrund der bei vielen Tieren erkennbaren

Immer mit einem Hang zum Standpunkt: Die Wiener Fiaker sind eine Institution, wenn auch mittlerweile nur noch touristisch.

Hufprobleme und der gelegentlichen Unfälle, wenn sie durchgehen. Im Mai 2003 rammte ein Fiaker ein Auto, die beiden Pferde eines anderen Wagens gingen durch und beschädigten 18 Autos. Im März 2006 stürzten zwei Pferde, im Dezember 2007 brachen welche vor Erschöpfung zusammen, im August 2008 wurde ein Pferd bei einem Unfall mit einer Straßenbahn schwer verletzt, im Oktober 2008 kam es zu einem Unfall mit einem Auto, im Dezember 2010 brach ein noch sehr junges Fiakerpferd auf dem Heldenplatz tot zusammen, im April und im Mai 2012 gingen wieder je zwei Fiakerpferde durch, auch im Juni 2012, wobei eines der Pferde in die Ausgrabungsstätte am Michaelerplatz fiel, im Dezember 2014 kam es zu einem Unfall mit einem entlaufenen Fiakerpferd, im Juni 2017 kollidierten Pferde mit einer Baustelle, ein anderes Gespann scheute und warf die Fiakerin ab, im Januar 2019 spießte ein Fiakerwagen ein Auto auf. Weitere Unfälle dieser Art gibt es leider immer wieder.

Zweifellos sind die Fiaker aus dem Wiener Stadtbild nicht wegzudenken, aber vielleicht wäre es angebracht, einmal die verschiedenen Aspekte dieser Sehenswürdigkeit auf den Prüfstand zu stellen. An die Geschichte der Fiaker erinnert ein Fiakermuseum im 17. Bezirk (Veronikagasse 12).

46 Donauregulierung und Naschmarkt
Stadtentwicklung im Großformat

Die Auen der unregulierten Donau, wie sie bis 1870 im selbst gewählten Bett vor sich hin strömte, kann man sich als romantische Naturlandschaft vorstellen, wie man sie etwas weiter stromabwärts im Nationalpark Donauauen in reduzierter Form noch immer besichtigen kann. Unweit der Stadt schlängelten sich verschiedene Donauarme durch reichen Baumbewuchs. Diese Landschaft führt allerdings immer wieder zu Überschwemmungen, weshalb die Regulierung der Donau zu einem der wichtigsten Anliegen Wiens wurde.

Eine erste kleine Regulierung der Donau erfolgte in den 1830er-Jahren im Prater, wo man jenen Nebenarm begradigte, der heute als Donaukanal bekannt ist. Gegen Hochwasser versuchte man sich im 18. Jahrhundert durch einen Dammbau zu schützen, der sich allerdings als unzureichend erwies. Erst ab 1870 führte man die erste Regulierung durch. Diese bestand in einem „Durchstich": Mitten durch das Auengebiet wurde einfach ein gerades Bett gezogen, durch das die Donau künftig fließen sollte. Frühere Pläne hätten den Durchstich näher am Stadtgebiet entlang geführt, wofür man das Naherholungsgebiet des Praters hätte opfern müssen. Ab 1850 setzte sich eine Kommission mit den verschiedenen Vorschlägen auseinander, was wegen des engagierten Abwägens der jeweiligen Vor- und Nachteile nahezu 20 Jahre dauerte. 1868 erhielt die dann realisierte Führung den Zuschlag, die auf den Briten James Abernethy und den Karlsruher Georg Sexauer zurückging. 1870 wurde mit den Arbeiten begonnen, 1875 wurden sie abgeschlossen. Dabei schuf man am linken Ufer ein Überschwemmungsgebiet mit einer Breite von 450 Metern. Für die Arbeiten engagierte man die französische Firma Castor, Couvreux et Hersent, die gerade mit dem Suezkanal fertiggeworden war und ihre Maschinen nun einfach nach Wien brachte.

Der Donaudurchstich machte auch den Bau neuer Brücken erforderlich. Die Nordwestbahn erhielt eine Eisenbahnbrücke (heute: Nordbrücke), die Kaiser-Ferdinand-Nordbahn und die Stadlauer Staatsbahn ebenfalls (heute: Nordbahnbrücke und Stadlauer Ostbahnbrücke). Für den Straßenverkehr wurden die Kaiser-Franz-Joseph-Brücke und die Kronprinz-Rudolf-Brücke eröffnet (heute: Floridsdorfer Brücke und Reichsbrücke). Den Donaukanal baute man später zu einem Handels- und Winterhafen aus.

Doch auch die Donauregulierung konnte Wien nicht vor Hochwasser schützen, wie sich in den Jahren 1897, 1899 und 1954 zeigen sollte. Deshalb wurde 1972 eine zweite Donauregulierung begonnen, deren Hauptmerkmal eine Entlastungsrinne mit 210 Metern Breite ist, die sogenannte Neue Donau. Sie führt durch das Überschwemmungsgebiet und wird nur bei Hochwasser

Wiens Lage an der unregulierten Donau mit Stadtmauer und Linienwall (heute Ringstraße und Gürtel) in einer zeitgenössischen Darstellung.

durchflossen. Hierdurch kann die höchstmögliche Wassermenge von 8.800 m³/s um 5.200 m³/s erhöht werden, was dem Jahrtausendhochwasser von 1501 entspricht. In den Jahren 1899, 1954, 1991 und 2002 waren es jeweils etwa 10.000 m³/s, im Jahr 2013 flossen hier 11.000 m³/s durch. Normalerweise führt die Donau nur 1.900 m³/s.

Von der anderen Seite her drohte ein anderes Wasser dem städtischen Treiben, nämlich die Wien, die hier in einem breiten Bett mit vielen Nebenarmen verlief. Als die Wiener Bevölkerung wuchs und sich auch Betriebe in diesem Bereich ansiedelten (Mühlen gab es schon seit 1100), wurde die Wien zunehmend schmutzig und begünstigte auch die Ausbreitung von Krankheiten. So sehr der Verlust malerischer Landschaften zu beklagen ist, war die Regulierung des Flusses aus städtebaulicher Sicht folgerichtig. Sie fiel in die 1890er-Jahre und war wie viele andere Projekte dieser Zeit von der Überzeugung beseelt, die Natur beherrschen zu können. Otto Wagner hat sich dafür eingesetzt, die Wien auf der gesamten Länge von Schönbrunn bis zum Karlsplatz einzuwölben und darauf eine Prachtstraße zu bauen, die „Wienzeile". Dies wurde nur auf einem kurzen Abschnitt verwirklicht. In diesem Bereich befindet sich heute der Naschmarkt, ein Stück der weiten Welt: Hier preisen überwiegend orientalische Händler ihre Ware an. Dahinter findet jeden Samstag ein Flohmarkt statt.

47 Er prägt das Bild Wiens bis heute
Otto Wagner und der Jugendstil

Wien zeigt zwar überall Zeugnisse der Barockarchitektur, doch war es Otto Wagner (1841–1918), der das Stadtbild geprägt hat wie kaum ein Zweiter – vielleicht auch, weil er sich nicht auf einzelne Gebäude konzentrierte, sondern dabei die Stadtplanung im Auge hatte. Er wirkte auch als Architekturtheoretiker und erlangte auf seinem Gebiet Weltgeltung.

In der Zeit des ausgehenden 19. Jahrhunderts war Otto Wagner der bedeutendste Architekt Österreichs. Allerdings ward ihm auch das Glück zuteil, seine Architektenlaufbahn in einer heißen Phase der Wiener Baugeschichte beginnen zu können. Für die Gestaltung der neuen Ringstraße mit ihren Repräsentationsbauten brauchte man Architekten. Zwar hatte er auch mit guten Plänen (Kursalon im Stadtpark, Börse) das Nachsehen, doch wurden 1864/65 das Harmonietheater in der Wasagasse 33 (heute ein Wohnhaus) sowie zwölf Wohnhäuser in der Harmoniegasse nach seinen Plänen errichtet. Von 1867 bis 1872 entwarf er Pläne für Baden, Berlin und Budapest, 1873 reichte er seinen Vorschlag für die Wienzeile ein. Zahlreiche weitere Planungen folgten, wobei Wagner sehr viele Wohnhäuser, Villen und Geschäftshäuser entwarf.

In den 1880er-Jahren spielte Otto Wagner in der Oberliga, er beteiligte sich an den Wettbewerben für den Reichstag in Berlin und für das Parlament in Budapest, zugleich plante er Gebäude für Wien, u. a. für die Bodencreditanstalt und die Länderbank sowie eine Villa für seine Familie. Was diesen Architekten für das Gesamtbild der Stadt so interessant macht, sind die von ihm entworfenen Infrastrukturbauten. Mit diversen Brücken, vor allem aber mit den Stationen für die Stadtbahn, die heute harmonisch für einige U-Bahn-Linien dienen, hat er dem öffentlichen Raum in Wien sein unverkennbares Gepräge gegeben. Sein Projekt der Wienzeile, eines Prachtboulevards vom Karlsplatz bis Schönbrunn, kann man zumindest in einem kurzen Abschnitt erleben – wer solche Pläne entwirft, denkt im großen Format.

Doch auch viele Einzelgebäude lassen die Handschrift Otto Wagners erkennen, so etwa das Ankerhaus Am Graben, dessen oberste Etage für ein Photoatelier vorbereitet war, oder auch der Grabenhof. Die Villa Wagner I hat eine besonders beeindruckende Front. Die Johannes-Nepomuk-Kapelle, die Kirche am Steinhof, das Postsparkassengebäude – alles Otto Wagner. Der Name wurde zum Markenzeichen fabrikmäßigen Architektenschaffens, denn bald betrieb der Mann ein großes Atelier, in dem Dutzende Architekten tätig waren. Sie führten seine Ideen und Entwürfe im Detail aus, am Ende stand immer sein Name darunter. Dadurch wurde er auch zu einem Katalysator vieler anonymer Einfälle, deren wahre Urheber unerkannt im Schatten des Meisters wirkten.

Das Gebäude der Österreichischen Postsparkasse, entworfen und gebaut von Otto Wagner.

Ganz sicher war Otto Wagner ein Mann des ganz großen Entwurfs, sein Generalregulierungsplan für Wien gewann 1893 den ersten Preis, er plante an der Stadt als Ganzem. Dabei folgte er der Prämisse, der auch viele seiner Zeitgenossen zuneigten, nämlich der Annahme, Wien werde weit auf die andere Donauseite hinauswachsen. Er prägte die Architekturszene und die ganze nachfolgende Architektengeneration seiner Zeit auch sehr stark durch seine Arbeit als Professor und Leiter der Architekturklasse an der Akademie der bildenden Künste in Wien sowie als Verfasser spezieller Veröffentlichungen. Die Stadtbahn gehört zu seinem Spätwerk. Als ihr Bau in den 1890er-Jahren aktuell wurde, übertrug man ihm die einheitliche Ausgestaltung der Hochbauten und der Brücken. Erst in den 60er-Jahren erkannte man das historische Erbe, das in den Stadtbahnbauten und den Stadtbahnbögen erhalten war, heute steht der Bestand als Gesamtkunstwerk unter Denkmalschutz.

Wien hätte noch mehr Bauten in dieser Art, wenn weitere Wagner-Entwürfe realisiert worden wären, darunter der Ausbau der Hofburg und der Kaisergruft, der Karlsplatz mit einem Monumentalbrunnen, ferner ein Stadtmuseum, das Technische Museum, die Universitätsbibliothek und ein Austria-Denkmal auf dem Schottenring.

48 Von Boppard am Rhein nach Wien
Thonet und die Bugholzmöbel

Der Möbelbau ist eine Geschichte ständiger Innovationen. In der Biedermeierzeit hatte man neue, materialgerechte, vor allem einfache Formen entwickelt, wobei Wien eine besonders elegante Spielart mit interessanten Stilelementen hervorbrachte.

Mitte des 19. Jahrhunderts stellten sich progressive Möbeltischler die Frage, die auch heute manchen Designer umtreibt (so etwa Dirk Vander Kooij, der unter dem Namen „Endless Chair" die ersten 3D-gedruckten Sessel entwickelt und damit die Gestaltung wieder näher an die handwerkliche Fertigung herangeführt hat): Wie können wir neue technische Möglichkeiten für die Fertigung von Möbelstücken nutzen? Ganz neu war damals der Dampf, durch ihn wurden etliche Herstellungsprozesse industrialisiert, denn nun stand eine ungeheure Kraft zur Verfügung. Mit dem Dampf konnte man auch heizen, und man konnte Holz damit in einer Weise formen, die bis dahin völlig undenkbar war. Diese Entdeckung war die Geburtsstunde der Burgholzmöbel. Sie waren modern, überaus innovativ und sehr elegant, dabei stabil, reparierbar und vor allem billig. Möbel für die Massen.

Den Anfang machte 1853 Michael Thonet mit seinen fünf Söhnen in Gumpendorf. Zuhause in Boppard am Rhein hatte er schon mit Schichtholz gearbeitet, das aus in Leim gekochten Furnierstreifen geformt wurde. Dieses Material ließ sich relativ beliebig formen, hieraus entstanden Möbelteile, die man anschließend furnieren konnte. Solche Leichtbaumöbel waren schneller und billiger herzustellen als andere. Dem Ruf Metternichs folgend, zog er nach Wien, um seine Idee unternehmerisch zu verwerten, denn in Preußen war ihm der Patentschutz versagt geblieben. Für die Neuausstattung des Palais Liechtenstein baute er leichte Beistellstühle, nun aus verleimten Stabbündeln anstelle der Furnierstreifen. Diese Bündel konnten nicht nur in einer Ebene verformt werden, sondern in beliebige Richtungen. Für dieses Verfahren, „dem Holz durch Zerschneiden und Wiederverleimen jede beliebige Biegung und Form in verschiedene Richtungen zu geben", erhielt er 1852 ein Privileg, noch war aber die eigentliche Erfindung nicht in der Welt. Es sollte noch vier Jahre dauern, bis Thonet noch ein anderes Privileg erhielt, nämlich auf „die Anfertigung von Sesseln und Tischfüßen aus gebogenem Holz, dessen Biegung durch Einwirken von Wasserdampf oder siedenden Flüssigkeiten geschieht".

Dadurch waren jene Möbel möglich, die heute unter dem Namen Thonet Weltruhm genießen und die untrennbar mit den Kaffeehäusern Wiens und der Donaumonarchie verbunden bleiben. Die fünf Söhne verwalteten in den folgenden Jahren das Unternehmen, das rasch zum dominierenden Faktor des weltweiten Möbelmarktes aufstieg. 1869 liefen die

Patente ab, nun traten Konkurrenten an, die die erfolgreichen Thonet-Möbel kopierten. Die Erzeugnisse dieser Nachmacher werden heute ebenfalls als wertvolle Antiquitäten gehandelt, je nach Seltenheit (vor allem die von Architekten entworfenen Modelle) zuweilen teurer als die Originale. Sie alle gehören einer technisch inspirierten Zeit an, in der es erstmals möglich geworden war, gewachsenem Holz eine neue Form zu geben und diese für einen modernen, eleganten und preiswerten Möbelbau zu nutzen. Die Konkurrenten der frühen Jahre hießen J.&J. Kohn, Fischel, Mundus und Eisler. 1910 gab es 52 Hersteller von Bugholzmöbeln mit insgesamt 32.000 Arbeitern.

Inzwischen änderten sich auch die Marktverhältnisse, denn das betuchte Bürgertum mochte keine Serienmöbel. Außerdem entwarfen Architekten auch die Einrichtung ihrer Gebäude. Für diese Gestalter arbeitete J.&J. Kohn in Auftragsfertigung, was einerseits der Qualität und andererseits der Exklusivität der Produkte zugute kam. Das eigentlich preisgünstige Produkt stieg zum Luxusgut auf. Nach dem Ersten Weltkrieg und dem Zerfall des Vielvölkerstaats waren diese Zeiten vorbei. Thonet, Kohn und Mundus gingen aus wirtschaftlichen Gründen eine Fusion ein.

Neue Zeiten bringen neue Möbel hervor. Wenn auch heute noch Bugholzmöbel im Geist der alten Zeit produziert werden (von der tschechischen Firma TON), so sind die alten Formen heute eher als Reminiszenzen gefragt. Doch auch die günstigen, modern gestalteten Schichtholz-Freischwinger eines schwedischen Möbelhauses gehen auf Arbeiten Michael Thonets zurück. Das Thonet-Konzept, nach dem der Entwerfer zugleich Erzeuger ist, bleibt dauerhaft wirksam.

Materialgerechtigkeit schafft neue Formen im Stil der neuen Zeit. Das hat sich erst vor einigen Jahren wiederholt, als Dirk Vander Kooij die ersten Möbel im 3D-Druck herstellte.

49 Geniales Design gescheitert
Die Wiener Werkstätte

Kaum eine andere Institution hatte eine solche Ausstrahlung auf das österreichische Kunsthandwerk und Design des 20. Jahrhunderts wie die Wiener Werkstätte, jene Produktionsgemeinschaft bildender Künstler, die während der drei ersten Jahrzehnte des Jahrhunderts nicht nur zahlreiche wegweisende Entwürfe auf den Weg brachte, sondern auch über ihre Mitarbeiter viele Impulse für qualitätvolle und zukunftsweisende Gestaltung setzte.

Nach dem Vorbild der britischen Arts-and-Crafts-Bewegung und in Zusammenarbeit mit der Wiener Secession und der Wiener Kunstgewerbeschule strebte man eine Erneuerung des Kunstbegriffs auf dem Gebiet des Kunstgewerbes an. Die Künstler der Wiener Werkstätte gestalteten Dinge des Alltags sowie Schmuck und Möbel teilweise mit großem Erfolg, bald wurden Verkaufsniederlassungen im Ausland eingerichtet, einige allerdings (New York 1922, geschlossen 1924, Berlin 1929), weil sich im Inland bereits deutliche Umsatzeinbußen bemerkbar machten. Ein Verkaufsgeschäft in der Innenstadt, Graben 15, bestand schon seit 1907, in der Kärntner Straße 41 gab es ab 1916/17 ein Verkaufsgeschäft für Mode, ab 1917/18 eines für Stoffe, Spitzen und Beleuchtungskörper in der Kärntner Straße 31. Im Zuge der Weltwirtschaftskrise wurde das Unternehmen liquidiert, weil seine Hauptzielgruppe, das betuchte Bürgertum, verarmte.

Zu den Gründern und Mitarbeitern der Wiener Werkstätte zählten Josef Hoffmann, Koloman Moser, Otto Primavesi, Moritz Gallia, Carl Otto Czeschka, Gudrun Baudisch, Reni Schaschl, Hilda Jesser, Susi Singer sowie der Industrielle und Kunstmäzen Fritz Waerndorfer. Ihr Ziel war, Wien auf dem Gebiet des Kunstgewerbes zum Zentrum geschmacklicher Kultur zu machen, erreichen wollte man dies durch eine Gestaltung, die auf handwerklicher Gediegenheit fußt. Alle Lebensbereiche des Menschen sollten – im Sinne eines Gesamtkunstwerks – gestalterisch vereint werden. Dafür sollte alles neu gestaltet werden, wobei nicht zwischen Gebrauchsgegenstand, Schmuck und Kunstwerk unterschieden werden sollte. Außerdem setzte man sich für fortschrittliche Arbeitsbedingungen der Handwerker ein. Die handwerkliche Verarbeitung sollte exquisit sein. Zugleich überwand man mit dieser Konzentration auf gute Gestaltung auch die wuchernde Jugendstilornamentik aus Belgien und Frankreich und setzte geometrisch-abstrakte Formen an ihre Stelle. Sie leiteten nicht nur zum Art Déco über, sondern prägten das Kunsthandwerk des ganzen 20. Jahrhunderts.

Die Wiener Werkstätte arbeitete nicht rein auf dem Gebiet des Designs, ihre Mitarbeiter verstanden sich als Künstler. Dies schlug sich unter anderem in der Veröffentlichung von über 1.000

Koloman Moser, Gründungsmitglied der Wiener Werkstätte, Maler, Grafiker und Kunsthandwerker, um 1894.

Künstlerpostkarten nieder, die heute hoch gehandelt werden. Geschaffen wurden sie von 48 Künstlern.

Bereits 1914 geriet die Wiener Werkstätte in finanzielle Schwierigkeiten, die aber gerade noch abgefangen werden konnten. Nach dem Ersten Weltkrieg entstanden aufgrund des Umsatzrückgangs und der sich beschleunigenden Inflation Schwierigkeiten, die nicht mehr zu bewältigen waren. Im Mai 1926 wurde der Ausgleich beantragt, zwar konnte man weiterarbeiten, allerdings ließen sich die Produkte nun nicht mehr so gut absetzen. Da das Unternehmen immer weiter Verlust machte, wurde es im Sommer 1932 geschlossen. Die Lagerbestände (etwa 7.000 Stück) wurden in einer Auktion vom 5. bis 10. September 1932 billigst verramscht. Im Oktober wurde die Wiener Werkstätte liquidiert, 1939 wurde sie aus dem Firmenbuch gelöscht.

Heute gehören Originalstücke der Wiener Werkstätte zu den gesuchten und teilweise sehr hoch gehandelten Stücken des Antiquitätenhandels. Wer das Glück hat, ein solches Zeugnis aufstrebenden Gestaltungswillens zu ergattern, hat damit nicht nur erlesenes Kunsthandwerk im Haus, sondern auch ein kleines Teil jenes goldenen Zeitabschnitts österreichischen Kunsthandwerks, dessen internationale Ausstrahlung bis heute ungebrochen ist.

50 Wien im Umbruch
Erster Weltkrieg und Epochenwechsel

Der Erste Weltkrieg hatte viele Ursachen, die auch mit den verschieden schnellen Entwicklungen der Nationen in Europa zusammenhängen. Während man in Wien noch der alten Großmachtsattitüde nachhing, hatten sich in vielen Teilen der Monarchie nationale Unabhängigkeitsbewegungen entwickelt. Schon 1848 und 1867 waren diese Tendenzen deutlich sichtbar geworden.

Die Entwicklung Österreichs im und nach dem Ersten Weltkrieg hat sehr viel mit der Frage nach einer eigenen nationalen Identität und Zugehörigkeit zu tun: Ganz selbstverständlich empfand man sich im deutschsprachigen Teil des Großreiches als der deutschen Nation zugehörig. Nation bedeutet die Übereinstimmung von Volk und Staatsraum. Aufgrund der Rivalität zwischen Preußen und Österreich um die Vorherrschaft im Deutschen Bund war diese Kongruenz nicht zustande gekommen, die Habsburger fanden Ersatz für das Römisch-Deutsche Reich in ihrer Monarchie, die bis weit in den osteuropäischen Raum hineinragte. Jedoch ließ sich dieses Gebilde letztlich nicht zusammenhalten.

Das Attentat auf den österreichischen Thronfolger in Sarajewo löste eine Kette von Ereignissen aus, die in den Ersten Weltkrieg mündeten, der für das Deutsche Reich und Österreich in einer herben Niederlage, schmerzlichen Gebietsverlusten auch der eigenen Völker, Vertreibung, sozialen Umsturzbewegungen, der erzwungenen Abdankung der Monarchen Wilhelm II. und Karl I., immensen Reparationszahlungen und dem Übergang zur demokratischen Staatsform endete. Wie sich später herausstellen sollte, war die politische Transformation beider Staaten zu Demokratien nach der Vorstellung Englands nicht tragfähig und wurde bald darauf durch die Hinwendung zu autoritären (Österreich 1934) bzw. diktatorischen Systemen (Deutsches Reich 1933, Österreich 1938) mit einem heillos überzogenen Ersatzkaisertum revidiert.

Doch auch die Stadt Wien veränderte sich während des Weltkrieges und danach deutlich. Man war von Importen abgeschnitten, die Lebensmittelversorgung verschlechterte sich spürbar, die Kriegswirtschaft zog alle Ressourcen und das Transportwesen an sich, hinzu kamen Krankheiten und Inflation, in der Folge auch politische Polarisierung und Radikalisierung. In Wien waren nicht nur zahllose Soldaten aus allen Teilen der Monarchie kaserniert, hier wurden auch Verwundete versorgt und hier trafen Flüchtlinge und Vertriebene (250.000 Vertriebene allein im Spätherbst 1914) aus anderen Reichsteilen ein. Außerdem kamen Arbeiter in dieses Zentrum der Kriegswirtschaft, schließlich stieg die Bevölkerung auf über 2,4 Millionen. Lebensmittel wurden rationiert (März 1918: 40 g Fett pro Woche), vor den Geschäften bildeten sich

Die Inflation machte Spielgeld zu Spielzeug: Kinder beim Aufstapeln wertlos gewordener Milliardensummen.

Menschenschlangen von unsäglicher Länge. Ab 1916 wurde versucht, mit Streiks die Belieferung mit Lebensmitteln zu erzwingen, teilweise wurden Bäckerautos überfallen und Fleischgeschäfte geplündert. Im Januar 1918 kam es zu Massenstreiks, Stadt und Regierung versuchten durch Verbesserungen der Sozialpolitik und der Versorgung der Unruhe entgegenzuwirken. Die Lebensmittelbewirtschaftung wurde erst im November 1922 beendet.

Für Österreich und besonders für Wien erwies sich der Übergang von der Monarchie zur Ersten Republik als tiefe Zäsur. Am 11. November 1918 verzichtete der Kaiser auf die Regierungsgeschäfte, da er sich jedoch in der Folge mit dem Verzicht auf die Reichsführung sichtlich schwer tat, wurde er vor die Wahl gestellt, entweder als einfacher Bürger in Österreich zu bleiben oder ins Exil zu gehen. Sollte er beide Möglichkeiten zurückweisen, würde er mit Internierung rechnen müssen. Vom Bahnhof Kopfstetten-Eckartsau aus fuhr er mitsamt seiner Familie im Hofsalonzug in die Schweiz. Sein letztes, funktionslos gewordenes Kabinett sorgte zusammen mit den republikanischen Politikern für eine geordnete Übergabe und verhinderte so eine Machtergreifung der Bolschewisten. Nun stand der kleine neue Staat vor einer ganzen Reihe von Regelungsaufgaben: Es gab in einigen Bundesländern Zentrifugalkräfte, so wollte man sich in Salzburg dem Deutschen Reich anschließen, in Tirol Italien und in Vorarlberg der Schweiz. Bei der Integration Deutschwestungarns in die Republik Österreich wurde durch eine manipulierte Volksabstimmung Ödenburg bei Ungarn behalten. Und weil Preßburg an die Tschechoslowakei fiel, konnte das neue Bundesland nicht, wie geplant, Vierburgenland genannt werden. Außerdem waren die Besitzverhältnisse der Habsburger festzulegen, was weitgehend in Form der Enteignung erfolgte (übrigens ein kluger Schachzug, weil hierdurch verschiedene Ansprüche anderer Teilstaaten des zerfallenen Habsburgerreichs abgefangen werden konnten). Zugleich wurde der Adel abgeschafft und die Familie Habsburg durfte nicht mehr in das Land einreisen – was Folgen hatte bis zur Bestattung der Kaiserin Zita, die nie auf ihren Thronanspruch verzichtet hat, 1989 aber mit vollem Zeremoniell in der Kapuzinergruft beigesetzt wurde. Die Vereinigung Österreichs mit dem Deutschen Reich wurde durch die Siegermächte untersagt, was wiederum Folgen bis in die Zeit des Nationalsozialismus hatte.

51 Wiens Weg in den Faschismus
Vom Ständestaat zum Heldenplatz

Von 1934 (eigentlich 1933) bis 1938 wurde Österreich unter Engelbert Dollfuß und Kurt Schuschnigg autoritär bis diktatorisch in der politischen Form eines Ständestaats regiert. Seine wichtigsten Symbole waren das Kruckenkreuz und der Doppeladler nach historischen Vorbildern. Man reaktivierte Traditionen aus der Kaiserzeit und lehnte die Heeresuniformen an die der Monarchie an, ließ Adelstitel wieder zu und revidierte Teile des Habsburgergesetzes. Außerdem wurde die Kirche gestärkt und eine sehr starke Katholisierung betrieben.

Der Ständestaat, eine politische Konstruktion christlichsozialer Politiker auf der Basis einer päpstlichen Enzyklika, geht auf eine parlamentarische Krise am 4. März 1933 zurück, in deren Folge der Kanzler Engelbert Dollfuß einen Staatsstreich durchführte. Durch die Verhinderung des Wiederzusammentretens schaltete er das Parlament aus und regierte mit den weitreichenden Vollmachten des Kriegswirtschaftlichen Ermächtigungsgesetzes aus dem Ersten Weltkrieg. In den Februarkämpfen 1934 konnte er die Sozialdemokratie ausschalten. Doch im Juli 1934 versuchten die Nationalsozialisten zu putschen und ermordeten Dollfuß in einem Zimmer des Bundeskanzleramts. Kurt Schuschnigg wurde Bundeskanzler.

Die alte Bundesverfassung wurde immer wieder gebrochen, auch durch eine neue Verfassung vom 1. Mai 1934. Darin wurde ein „christlich-deutscher Ständestaat" proklamiert, der nicht mehr vom Parlament und den Parteien, sondern durch berufsständische Kammern gelenkt werden sollte. Indem die Gesetzgebung (mit Verfassungsgesetzgebung) auf die Bundesregierung übertragen wurde, verwarf man die Gewaltenteilung und errichtete die Diktatur. Vielleicht sollte dies nur eine Übergangslösung sein, bis das Kammernsystem funktionsfähig sein würde, andererseits kann auch das ständische Prinzip als Deckmantel für die Alleinregierung des Bundeskanzlers gesehen werden. Die erste Möglichkeit ist wahrscheinlicher, weil bald mit der berufsständischen Neuordnung begonnen wurde. Geplant waren sieben Kammern, errichtet wurden jedoch nur zwei (Landwirtschaft und Öffentlicher Dienst).

Die politischen Parteien wurden entweder verboten oder in der Vaterländischen Front als Ersatzorganisation zusammengenommen. Das Regime hatte in der Bevölkerung nur wenig Rückhalt und die Sozialdemokraten, Kommunisten, Liberalen und Nationalsozialisten gegen sich. Politische Gegner wurden verfolgt und in etlichen Fällen interniert (Anhaltelager Kaisersteinbruch und Wöllersdorf). Obwohl der Ständestaat prinzipiell faschistisch war, wurde eine

Engelbert Dollfuß: Österreichs schräge Faschismusvariante war naiv, sie bereitete den Boden für die Ausbreitung des Nationalsozialismus. Nach dem Krieg inszenierte man sich jahrzehntelang als „erstes Opfer Hitlers".

auffallend hohe Zahl von Nationalsozialisten verhaftet.

Das prägende Ereignis dieser Jahre war die Ermordung von Bundeskanzler Engelbert Dollfuß (41) durch Angehörige der SS. Da die Nachricht vom geplanten Umsturz offenbar bis zum Kanzler durchsickerte, unterbrach dieser die Ministerratssitzung. Das große Einfahrtstor des Bundeskanzleramts wurde geschlossen, nur noch Soldaten und Polizisten sollten eingelassen werden – als erbetene Verstärkung. Allerdings waren die Hochverräter genau als solche verkleidet. Nachdem sie hereingelassen worden waren, entwaffneten sie die Torwachen sowie 34 Mann Ehrenwache, deren Gewehre ungeladen waren. 30 bewaffnete Personen liefen dann die Treppe hinauf, um die Regierung zu stellen. Dollfuß und zwei seiner Minister flüchteten zunächst in den Säulensaal, dann wollte er auf Anraten eines Portiers über eine versteckte Treppe ins Staatsarchiv gelangen. Die Attentäter schnitten ihm den Weg ab, im Gemenge wurde bald geschossen. Der Attentäter Planetta beugte sich daraufhin über den Bundeskanzler und fragte ihn: „Habe ich Sie getroffen?", worauf dieser entgegnete: „Ich weiß nicht." Planetta: „So stehen Sie auf!" Der Bundeskanzler: „Das kann ich nicht." Einige Zeit später erlag er seiner Verletzung. Die Putschisten wurden daraufhin verhaftet, die Haupttäter hingerichtet, die anderen nach Bayern gebracht. Wer sonst noch einmal auf Dollfuß geschossen hat, wurde nie geklärt.

Im Funkhaus der RAVAG in der Johannesgasse spielten sich ebenfalls dramatische Szenen ab, wobei zwei Polizisten und ein Angreifer erschossen wurden. Geiseln wurden genommen, es brach ein Brand aus und Handgranaten explodierten. Schließlich gaben die 13 Putschisten auf. Während sie zur Wachstube in der Hegelgasse gebracht wurden, prügelte man einige von ihnen krankenhausreif.

52 Vom Bollwerk zur Sektorenstadt
Der Zweite Weltkrieg und seine Folgen

Die politischen Umwälzungen in den Jahren ab 1938 waren gravierend, viele Wiener wurden unmittelbar in die Funktionsbereiche des Systems eingebunden. Die politische Landkarte Österreichs veränderte sich deutlich, so wurde Wien erheblich vergrößert, der aus dem Bundesland Niederösterreich hervorgegangene Gau Niederdonau wurde dafür mit einigen südmährischen und burgenländischen Gebieten entschädigt.

Ab Kriegsbeginn am 1. September 1939 veränderte sich das Leben in Wien deutlich. Schon Mitte August waren viele Wiener zu verschiedenen Truppenverbänden eingerückt, Lebensmittel und Dinge des täglichen Bedarfs wurden rationiert, die Bezugsscheine galten ab Oktober auch in Gaststätten. Ab 1940 gab es in Wien mehr und mehr Zwangsarbeiter, die in verschiedenen Wirtschaftsbereichen unter ganz unterschiedlichen Arbeitsbedingungen – von schwerer Repression und Gewalt bis zu relativ großzügigen Bedingungen – eingesetzt wurden. Die jüdische Gemeinde Wiens wurde systematisch verfolgt, zunächst zwang man sie, Sammelwohnungen zu beziehen, und „arisierte" ihre dadurch freigewordenen Wohnungen. Schon früh führte die SS im Oktober 1939 Deportationen zur sowjetischen Demarkationslinie durch, ab Februar 1941 bis Ende 1942 erfolgten Deportationen in die Konzentrations- und Vernichtungslager.

Da Wien in den ersten Kriegsjahren nicht so sehr vom Luftkrieg betroffen war wie viele andere Städte, verlegte man ab 1942 kriegswichtige Betriebe in den Wiener Raum, andere Firmen wurden neu gegründet. Eine spezielle Holding namens INHA (Industrie- und Handwerksförderungsgesellschaft m. b. H.) errichtete eine ganze Anzahl von Lagern für die Ausnutzung von Zwangsarbeitern. Andere Lager unterstanden der Organisation Todt, hier arbeiteten auch Zivilarbeiter, Freiwillige, Ostarbeiter, Kriegsgefangene sowie Häftlinge des Arbeitserziehungslagers Oberlanzendorf. Im Februar 1945 wurden jüdische „Mischlinge" und „jüdisch Versippte" zur Zwangsarbeit eingezogen. Viele Firmen, teilweise heute gut bekannte Namen, nahmen die unfreiwilligen „Mitarbeiter" gerne in Anspruch.

Ab Herbst 1942 ging man in Wien zur Verstärkung der Luftraumverteidigung über. Im Palais Cobenzl rückte eine Flakbrigade ein, am Nussberg und auf der Hohen Warte errichtete man Flaks. Weil die Lage zunehmend bedrohlicher wurde, richtete man ab Dezember 1942 im Großraum Wien die 24. Flakdivision mit über 432 schweren Fliegerabwehrkanonen ein. Ihr Aktionsradius betrug 25 Kilometer. In Wien selbst zeugen sechs Flaktürme (jeweils ein Paar aus einem Geschütz- und einem Leitturm) von den Abwehrmaßnahmen. In einem dieser Türme wurde im Rahmen einer kleinen Ausstellung ein zeitgenössischer Luftschutzraum mit Originalstücken relativ

Der Gefechtsturm im Augarten wurde 1944/45 errichtet.

authentisch nachempfunden. Im weitverzweigten Kellernetz der Stadt schlug man Durchgänge, um Fluchtwege zu eröffnen, in den Kellern suchte die Bevölkerung Schutz. Im Jahr 1944 verfügte Wien über 339 öffentliche Schutzräume.

Insgesamt gab es vom 12. April 1944 bis zum 28. März 1945 52 größere Luftangriffe auf Wien, in dieser Zeit wurde im Rundfunk 115-mal Alarm gegeben. Das markante Alarmzeichen, das Zeitzeugen bis heute in Erinnerung ist, war der Kuckucksruf. Am 12. März 1945 erfolgte der verheerendste Angriff auf die Stadt, ihm fielen die Staatsoper, der Stephansdom, das Kunsthistorische Museum und das Burgtheater zum Opfer. Am Morzinplatz wurde ein ganzer Häuserzug komplett zerstört, man baute ihn hinterher nicht wieder auf. Dieser Abschnitt Wiens unterhalb der Ruprechtskirche ist seitdem ungewöhnlich breit, weil eine Straße weggefallen ist. Der Philipphof zwischen Staatsoper und Albertina begrub 200 Menschen im Schutzkeller unter sich, die seither nicht geborgen wurden.

Das Kriegsende in Wien wurde von der Einnahme der Stadt durch die Rote Armee bestimmt. Am 6. April umringten sie die Stadt und drangen am 8. April zum Gürtel und tags darauf an die Ringstraße vor. Die zurückweichende Waffen-SS sprengte die Brücken über den Donaukanal und versuchte dort noch eine Frontlinie aufzubauen. Etliche Bereiche der Innenstadt lagen in Trümmern, mancherorts brannte es, doch seit 14. Juli 1944 war das Photographieren von Luftkriegsschäden verboten.

Bei den Luftangriffen und Bodenkämpfen starben in Wien 11.035 Menschen. 21 % der Häuser (21.317) wurden beschädigt oder zerstört, 50.024 Wohnungen wurden beschädigt, 36.851 zerstört. An Gas- und Wasserleitungen sowie Kanälen gab es rund 3.700 Schäden, 120 Brücken und 587 Straßenbahnwagen wurden zerstört, 1.539 Straßenbahnwagen beschädigt, 1.600 städtische Motorfahrzeuge wurden zerstört oder gestohlen. Neun der 41 städtischen Märkte waren abgebrannt, die anderen beschädigt. Die Kriegsspuren kann man bis heute auch am berühmten Wiener Riesenrad im Prater besichtigen, denn dort hängt seither nur noch jede zweite Gondel. Die anderen sind verbrannt und wurden nicht mehr ersetzt.

53 Wien in der Nachkriegszeit
Der Dritte Mann und sein Kolorit

Nach dem Zweiten Weltkrieg konnte sich Österreich durch geschickte Diplomatie aus den NS-Verstrickungen herauslavieren und war schon 1955 wieder ein freier, souveräner Staat. Ein besonderes Zeitgemälde ist der Film „Der Dritte Mann" von 1949, der mit seinem betulichen Handlungsverlauf auf heutige Kinofreunde ermüdend wirkt, aber als wichtiges Zeitzeugnis unbedingt sehenswert ist.

Die Kriminalgeschichte ist im Wien der unmittelbaren Nachkriegszeit angesiedelt. Die Stadt war aufgeteilt in vier Besatzungszonen und eine fünfte, von allen Kontrollmächten gemeinsam verwaltete Zone in der Innenstadt. Die Krimihandlung war aus dem Leben gegriffen: Ein skrupelloser Mensch verschiebt Penizillin und riskiert dadurch nicht wenige Menschenleben. Der reine Schmuggel mit dem Medikament wäre nicht gefährlich, die Substanz wird allerdings gestreckt, um den Profit zu erhöhen. Bei den damit Behandelten führt das zu bleibenden Schäden und kann sogar den Tod nach sich ziehen. Der Mann, der den Hinweis darauf gab, verschwindet ebenfalls – selbst in die Schiebereien verwickelt. Der Schieberring ist historisch verbürgt.

Die Filmkulisse war imposant, neuartig und preiswert. Der Film zeigt auch mancherlei Klischees von Wien und den Wienern, die zwischen Melancholie und Lebenswitz changieren, zwischen Aufgeriebenheit und Gemütlichkeit, zwischen vergilbter Gestrigkeit und neuer, völlig ungewisser Selbstverortung. In dieser Stadt sucht der Kriminelle Harry Lime seinen Profit. Er hat sich augenscheinlich mit den Gegebenheiten arrangiert: Die Welt ist eben schlecht, jeder ist sich selbst der Nächste. Ihm gegenüber stehen zwei Menschen, die im Film als die Guten gezeigt werden, zueinander jedoch sehr ambivalent eingestellt sind: Holly Martins, ein Freund Harry Limes, aus seiner Perspektive wird die ganze Handlung erzählt, sowie das Flüchtlingsmädchen, das zwischen diesen beiden Männern steht: Anna Schmidt.

Holly Martins erfährt vom Tod seines Freundes, der gerade direkt vor seinem Haus Opfer eines Verkehrsunfalls geworden ist. Als er auf der Beerdigung von den üblen Geschäften erfährt, denen Lime nachgegangen sein soll, versucht er, die Hintergründe aufzudecken. Doch die Geschichte ist voller Merkwürdigkeiten – ausschließlich Bekannte von Harry Lime waren in seinen Unfall verwickelt, zufällig stellte auch gleich sein Hausarzt den Tod fest. Ein ominöser dritter Mann sei bei dem Unfall zugegen gewesen, berichtet der Portier in Limes Wohnhaus. Und er sagt im Widerspruch zu anderen Zeugen, Lime sei sofort tot gewesen. Der Polizei will er seine Beobachtungen allerdings nicht offenbaren, er bittet Martins lediglich, ihn nochmals aufzusuchen. Dieses Gespräch findet nicht mehr statt, weil der Portier zu diesem Zeitpunkt

Als Wien nach dem Zweiten Weltkrieg in Besatzungszonen aufgeteilt war, konnte man sich in der Kanalisation frei bewegen, ohne an den Sektorengrenzen aufgehalten zu werden. Die Verfolgungsjagd durch die Wiener Kanalisation in „Der Dritte Mann" ist weltberühmt.

bereits ermordet worden ist. Holly Martins droht zum Opfer seiner eigenen Ermittlungen zu werden – einerseits fällt nun ein Verdacht auf ihn, andererseits wird er von dunklen Gestalten verfolgt. Im Zuge seiner Recherchen trifft Martins auf verschiedene Personen, mit denen Lime zu tun hatte: auf Anna natürlich, aber auch auf Baron Kurtz, den Rumänen Popescu und den Arzt Dr. Winkel. Auch der Hausbesorger im Wohnhaus Harry Limes kann wichtige Hinweise geben.

Bald stellt sich heraus: Nicht Harry Lime wurde beerdigt, sondern ein anderer. Tatsächlich zeigt sich im Verlauf der Filmhandlung, weshalb Harry Lime nur zum Schein gestorben, in Wirklichkeit aber untergetaucht ist. Vom sowjetischen Sektor aus verschiebt er weiter Penizillin, zugleich verrät er seine Geliebte Anna an die Russen. Bei der Exhumierung des totgeglaubten Harry Lime befindet sich in dessen Sarg Joseph Harbin, der wegen seines Verrats ermordet und auf diese Weise weggeschafft wurde. Holly Martins stellt Harry Lime in einer Kabine des Wiener Riesenrads zur Rede. Lime erklärt seine Taten und die ihnen zugrundeliegende Haltung, er bietet Martins sogar eine Zusammenarbeit an. Holly Martins steht vor einer schweren moralischen Entscheidung. Für Anna und ihn selbst wäre es günstig, den Freund zu verraten. Das Mädchen aber macht nicht mit, Martins verrät Lime erst, als er die Folgen seiner Taten drastisch vorgeführt bekommt. Anna warnt ihren Geliebten, es schließt sich die berühmte Verfolgungsjagd durch die Kanalisation an, bei der Harry Lime stirbt. Der Film schließt mit der sentimentalen Szene am Zentralfriedhof, bei der Holly Martins auf Anna wartet, diese aber pikiert an ihm vorbeistakst.

54 Böhmisch, italienisch, bürgerlich
Die Wiener Küche und ihre Wurzeln

Fusionküche gibt es nur in schicken Szenerestaurants? Nebbich – in der Wiener Küche wurde schon immer über den Tellerrand geschaut. Sie ist die einzige Kochtradition, die nach einer Stadt benannt ist, denn hier vermischten sich internationale Einflüsse auf einzigartige Weise. Ihre ältesten Rezepte gehen bis in die Römerzeit zurück.

Im 19. Jahrhundert verschmolzen die Kochtraditionen der Kronländer – vor allem die böhmische und die ungarische Küche – zu dem, was man heute unter Wiener Küche versteht. Und natürlich war auch der Kaiserhof für so manchen Rezeptklassiker verantwortlich, man denke nur an den berühmten, aber an sich vollkommen unprätentiösen Kaiserschmarrn. Und diese innere Bescheidenheit ist ein Merkmal dieser Kochkunst: Vieles wird einfach gehalten, und darin liegt das Gute. Die Wiener Küche ist sowohl „verbürgerlichte Hofküche" als auch „verfeinerte Bauernküche".

Im 16. Jahrhundert kamen einige polnische Speisen nach Wien, darunter die Kabanossi, einige Eintöpfe und der „Polnische Karpfen" in einer Lebkuchensoße. Ab etwa 1600 wurde die Wiener Küche von italienischen Gerichten inspiriert, was man an einigen italienischen Bezeichnungen wie Melanzani, Maroni oder Biskotten ablesen kann. Im 18. Jahrhundert folgten starke französische Einflüsse. Ungefähr ab der Zeit des Wiener Kongresses wurde die Wiener Küche einem größeren Publikum bekannt, was auch daran lag, wie gut die Kongressteilnehmer vielerorts bewirtet wurden. Plötzlich galt die Kaiserstadt als kulinarische Metropole.

Nach dem Spanischen Erbfolgekrieg kamen spanische Köche nach Wien und hinterließen ebenfalls ein paar Spuren, nämlich die Windbäckerei (Baiser) und den aus dem Spanischen Brot hervorgegangenen „Scheiterhaufen", dessen Name wohl auch auf die Praktiken der Spanischen Inquisition verweist. Manche spanische Gerichte verloren sich wieder, so war die Oliosuppe gerade noch im Biedermeier populär. Und nicht alle ungarischen Gerichte wurden von eingewanderten Köchinnen mitgebracht. Ein Beispiel ist das Gulasch, das – an sich eine einfache Hirtenspeise – von ungarischen Magnaten, die im Wien Josephs II. auf ihre Identität pochten, zum Nationalgericht verklärt wurde.

Der Aufstieg des Bürgertums brachte die bürgerliche Küche hervor, die überwiegend von angestellten Köchinnen bestritten wurde – nicht wenige von ihnen waren aus einem der Kronländer eingewandert, was die starken Einflüsse aus anderen Teilen des Reiches erklärt. Etwa ab der Mitte des 19. Jahrhunderts wurden in Kochbüchern ungarische, südslawische, polnische, italienische, jüdische und böhmische Rezepte zusammen mit der österreichischen und Wiener Küche vorgestellt.

Kaiserschmarrn hat sich längst vom einfachen Gericht zur geschickt vermarkteten Delikatesse gewandelt.

Die vielen Einflüsse der Einwanderer aus den Ländern der Monarchie spiegeln sich nicht nur in Zutaten und Zubereitungen, sondern gerade auch in den Namen der Gerichte. Spezialitäten wie der Strudel stammen teilweise von weit her, in diesem Fall aus dem östlichen Mittelmeerraum. Über die türkische Besetzung Ungarns und des Balkans gelangte er nach Wien. Auf der anderen Seite hat die Wiener Küche auch eine starke eigene Komponente, insbesondere im Bereich der Fischgerichte, da die österreichischen Flüsse einst sehr fischreich waren. Vor allem der Karpfen hat in der Kochtradition seinen festen Platz. Aus dem, was man nicht direkt verzehrt, besteht die Fischbeuschelsuppe. Ein sehr starker Zug ins Bodenständige zeigt sich auch in der Schrulle etlicher vor allem älterer Wiener, in der Neujahrsnacht einen Schweinerüssel zu verspeisen, der von den Fleischhauern speziell zu dieser Zeit angeboten wird. Ein weiteres lokales Gericht, das auf Touristen leicht befremdlich wirkt, ist das Blunzengröstl.

Viele Klassiker der Wiener Küche sind andererseits sehr ansprechend, so etwa gekochtes Rindfleisch, das auf sehr alte Vorläufer zurückgeht und im Wien des 19. Jahrhunderts zum legendären Tafelspitz verfeinert wurde. Das in Wien hoch im Schwange stehende Ganslessen zu Sankt Martin (11. November) geht auf das Mittelalter zurück, als man vor dem Winter einige Tiere schlachtete, um sie nicht durchfüttern zu müssen. Ein weiterer Impuls auf die Wiener Küche ergab sich aus der Konservierung von Lebensmitteln zur Vorratshaltung. Nicht nur die Sauerkrautler, also Erzeuger von Gemüsekonserven, blicken in Wien auf eine reiche Geschichte zurück, es haben sich zudem haltbar gemachte Lebensmittel in Gerichten niedergeschlagen, etwa Geselchtes mit Kraut, das aber auch andernorts seine Entsprechung hat.

55 „Und dann?“ – „jo eh nix“ – „!?“ Der berühmte Wiener Schmäh

Facettenreich changiert er zwischen unverbindlicher Leichtigkeit und schwarzem Humor: Der Wiener Schmäh ist für Fremde undurchdringlich, auch weil er so vielseitig ist. Er reicht über den reinen Witz weit hinaus, denn er ergibt sich häufig einfach im Gespräch.

Der Wiener Schmäh kann auf ganz unterschiedliche Weise in Erscheinung treten, beispielsweise als jene bis ins Süßliche übertriebene Liebenswürdigkeit, der besonders die Einwohner eines nördlichen Nachbarlandes so verzückt auf den Leim gehen, aber auch als zur Schau gestellte Grantigkeit. In ihm steckt eben auch eine Portion Falschheit. Der Wiener fällt darauf nicht herein, der Nichtwiener umso eher. Als feine Grenze erlaubt er eine treffsichere Unterscheidung zwischen Wienern und solchen, die das nie werden können, weil sie es eben nicht sind. Spannenderweise wird das Quartier des echt Wienerischen heute fast ausnahmslos von den Nachkommen der großen, vornehmlich tschechischen Einwanderungswelle des 19. Jahrhunderts besetzt.

Der Wiener Schmäh ist eine Umgangsweise, dabei ein feinsinniges Spiel und eine unverbindliche Methode, dem anderen auf den Zahn zu fühlen, und mit ihm wird vieles ausgedrückt, was man nur verschlüsselt äußern möchte. Aus diesem Grund kommen „Zugereiste“ entweder nicht mit ihm zurecht oder sie verstehen ihn falsch, denn er bedient sich zwar der Methode des Charmes, ist aber nicht mit ihm identisch. Als lokaler Code ist er aus den Verhältnissen im Machtzentrum eines Großreiches entstanden: Wien hat sich vieles aus dem Lakaien- und Hofschranzensystem bewahrt, darunter eben auch das Unvermögen bzw. den Unwillen, heikle Dinge direkt beim Namen zu nennen. Durch den Schmäh kann man sie unverfänglicher ausdrücken: Böses erscheint nicht gar so böse und Liebenswürdiges bekommt eine ironische Note. Dazu gestattet er den – sehr neugierigen – Wienern einen Rahmen der Unverbindlichkeit: Wenn ein Geschäftspartner aus der Bundesrepublik von einem Gespräch in einer Wiener Firma kommt, glaubt er, ein Projekt vereinbart zu haben. Die Wiener haben einen Kaffee getrunken und sagen: „Schau' mer mal.“ In Wien bedeutet „Ich mach's gleich“ eben nicht, es gleich zu machen, sondern etwas später. Das alles ist die leichte Seite, die Dinge sind in der Schwebe, „es soll zwar was geschehen, aber es darf nix passier'n.“

Man darf aber nicht die Rechnung ohne die spezielle Wiener Gefühlslage machen, bei der auch die fidelsten Akkorde immer irgendwie von einem tiefen Ton in Moll unterbrummt werden. Dieses Zwiegefühl rührt von osteuropäischer Schwermut und südeuropäischer Leichtigkeit her, die Wien geprägt haben: Zwischen beiden oszilliert die Wiener Seele, durchaus im Dreivierteltakt, dabei aber mit dem depressiven Gefühl, die Welt sei unzulänglich und das eigene

Der Wiener Schmäh hat eine kurze Zündschnur – das sollte man beherzigen, wenn man den Humor dieser Stadt verstehen will.

Schicksal unausweichlich. Diese Haltung mischt sich traditionell mit provinzieller Gemütlichkeit, mit Gaumenfreude und Heiterkeit. Da all dies aber auch zum Klischee geworden ist, dient es nicht wenigen zur Selbstverortung eigener Identität.

Es haben sich viele kluge Kenner des Wienerischen mit der Suche nach dem Wiener Humor und Schmäh beschäftigt, aber kaum einer hat sich dabei um die reichen Anleihen aus dem jüdischen und dem tschechischen Witz gekümmert, zwei Quellen, die doch angesichts der demographischen Entwicklung bis ins 20. Jahrhundert sofort jedem in den Sinn kommen müssen. Tatsächlich haben beide vieles gemeinsam, vor allem die Selbstironie, und beide spielen mit der Gewitztheit ihrer naiven, harmlosen Helden. Wie pflanzt sich dies im Wiener Schmäh fort? Etwa mit der Bemerkung: „Einer ist immer der Nowak", wenn etwas schiefgegangen ist.

Die Bandbreite des Wiener Schmähs zieht sich längs vom Kunstgriff oder Trick bis zur Schwindelei oder Lüge und quer von verbindlicher Freundlichkeit über Sprüche und feinen Witz bis zu Scherzen. Er kann sich in derben Bezeichnungen ebenso manifestieren wie in ironischen Fragen wie etwa der, ob man irgendwo angerannt („augrennt", dagegengerannt) sei. Außerhalb Wiens, besonders in Westösterreich, beschreibt man den Wiener Schmäh als zuweilen als oberflächliche Freundlichkeit empfundene charmante Grundhaltung der Wiener. Diese Fehleinschätzung setzt die Aufrichtigkeit der charmanten Grundhaltung voraus. In Wirklichkeit ist sie das nicht ganz, nicht immer.

Nachwort

Wien ist eine vielfältige und vielgesichtige Stadt, in der es auch zwischen „Wienerisch" und „Wienerisch" erhebliche Unterschiede gibt, so etwa sprachliche zwischen Hietzing und Ottakring, bauliche zwischen der Quellenstraße und dem Graben, kulturelle zwischen einem Heurigen in Grinzing und dem Debütantinnendefilee in Elmayers Tanzschule. Dementsprechend schwierig ist es, diese Stadt anhand der hier versammelten 55 Meilensteine aus ihrer Geschichte vollständig kennenlernen zu wollen, und ebenso verhält es sich auch bei jedem dieser Themen, die ja auf so knappem Raum keineswegs komplett abgehandelt werden können.

Da es zwischen vielen dieser Themen Querbezüge gibt, lohnt es sich durchaus, dieses Buch im Quergang zu lesen, so kann man sich durch Weiterblättern zu den passenden Kapiteln durch die Geschichte der wichtigsten Herrscher lesen oder von älteren zu neueren Architekten gehen oder sich, von der Geologie ausgehend, mit der Donau und ihrer Regulierung befassen.

Die 55 Kapitel dieses Buches enthalten neben Altbekanntem auch viel Neues und zeigen auch eine eher unbekannte Seite Wiens. Dem Verfasser war es wichtig, neben den touristischen, schon sehr ausgetretenen Pfaden auch Seiten dieser Stadt vorzustellen, über die oft hinweggesehen wird. Dadurch entsteht ein Gerüst, in dem sich nicht nur jeder seine Präferenzen suchen kann, sondern das auch eine Basis für Ihre Neugierde sein soll.

Die Auswahl von 55 geschichtlichen Meilensteinen, die als prägende Entwicklungen immer auch Aspekte des Wiens der Gegenwart sind, bedingt auch das Weglassen anderer, ebenfalls wichtiger und wesentlicher Ereignisse und Entwicklungen. So wären Stadtbahn und U-Bahn-Bau, die Geschichte der Krankenhäuser, die Sophiensäle, der Weinbau und die Sektkellereien, das Wien durchädernde, heute kanalisierte Netz der Bäche und die Anfangszeiten des Austropop als weitere Kapitel denkbar, ebenso neuere Kunstrichtungen wie der Phantastische Realismus, ferner Klavier- und Möbelfirmen, bedeutende Publizisten wie Karl Kraus, neue Literatur und legendäre Unternehmen wie Manner oder Heller, legendäre Dinge wie der Stock im Eisen und auch legendäre Persönlichkeiten wie Ida Pfeiffer, Angelo Soliman und Falco, von wichtigen Ereignissen wie dem Wiener Justizpalastbrand von 1927 gar nicht zu reden. In Wien lebten und leben auch wichtige Erfinder, Forscher, Pioniere und Visionäre, nicht zuletzt auch Spinner wie Waluliso oder Helmut Seethaler, der Leichenmaler Harald Köck, die Kunstwerkerin Valie Export und die männersägende Eisverkäuferin Estibaliz Carranza. Sie alle hätten genug mitgebracht für je eigene Kapitel, über manch andere hüllt sich nicht ganz zu Unrecht allmählich der Mantel des Vergessens. Letztlich war entscheidend, welche Auswirkung der jeweilige Meilenstein hatte – auf die Geschichte der Stadt, aber immer auch darüber hinaus.

Bildnachweis

Alexander Glück: S. 15, 17, 19, 23, 41, 43, 57, 71, 77, 89, 97, 101, 113;
Archiv Alexander Glück: S. 5 (links), 21, 29, 31, 39, 45, 81, 91, 99, 107;
Shutterstock/Alessandro Cristiano: S. 55, Nachsatz;
Shutterstock/Alexander Cyliax: S. 64;
Shutterstock/A. Laengauer: S. 27;
Shutterstock/Borisb17: S. 53;
Shutterstock/canadastock: S. 60/61, 79, Einband hinten (links unten);
Shutterstock/CUP23: S. 11;
Shutterstock/douglasmack: S. 35;
Shutterstock/Dubasov Evgenii: S. 117;
Shutterstock/Everett Collection: S. 75, Einband hinten (rechts);
Shutterstock/from my point of view: S. 115;
Shutterstock/HodagMedia: S. 83;
Shutterstock/Jule_Berlin: S. 69;
Shutterstock/Karl Allen Lugmayer: S. 4 (links), 13;
Shutterstock/Kemal Taner: S. 5 (rechts), 87;
Shutterstock/Kirill Neiezhmakov: S. 63;
Shutterstock/May_Lana: Einband vorne, S. 25, 93;
Shutterstock/Maykova Galina: S. 73 u.;
Shutterstock/Mentosbcn: S. 103;
Shutterstock/Mitzo: S. 111;
Shutterstock/saiko3p: S. 51, Einband hinten (links oben);
Shutterstock/Shchipkova Elena: Schmutztitel;
Shutterstock/V_E: Vorsatz;
By Christoffel van Sichem - H-J. Goertz, Radikale Reformatoren, München 1978, Public Domain, https://commons.wikimedia.org/w/index.php?curid=2171778: S. 4 (rechts), 33;
Gemeinfrei, https://commons.wikimedia.org/w/index.php?curid=1374326: S. 105;
Von Gugerell - Eigenes Werk, CC0, https://commons.wikimedia.org/w/index.php?curid=50328630: S. 37;
Von Gugerell - Eigenes Werk, CC0, https://commons.wikimedia.org/w/index.php?curid=34147959: S. 85;
By Gugerell - Own work, CC0, https://commons.wikimedia.org/w/index.php?curid=41196297: S. 95;
By Herbert Ortner - Own work, CC BY 4.0, https://commons.wikimedia.org/w/index.php?curid=79426242: S. 59;
By historische Militärkarte der Habsburgermonarchie - Josephinische Landesaufnahme, Public Domain, https://commons.wikimedia.org/w/index.php?curid=6889673: S. 4 (Mitte), 9;
Von Josef Kriehuber - Eigenes Foto einer Originallithographie in eigenem Besitz, Gemeinfrei, https://commons.wikimedia.org/w/index.php?curid=16231819: S. 73 o.;
By J. Stich von E. Mansfeld nach einem Gemälde von J. Hickel - http://www.aeiou.at/aeiou.encyclop.t/t683856.htm, Public Domain, https://commons.wikimedia.org/w/index.php?curid=7349661: S. 49 rechts;
Von © Knozer (F. Knozer) - TIME, Gemeinfrei, https://commons.wikimedia.org/w/index.php?curid=7947206: S. 109;

By Martin van Meytens - Buchscan, Public Domain, https://commons.wikimedia.org/w/index.php?curid=68471: S. 5 (Mitte), 47;
Von Plutho - Eigenes Werk, CC BY-SA 4.0, https://commons.wikimedia.org/w/index.php?curid=63854100: S. 49 links;
By Unknown author - http://digi.ub.uni-heidelberg.de/fwhb/klebeband16, Public Domain, https://commons.wikimedia.org/w/index.php?curid=30215855: S. 67;

Impressum

Sutton Verlag GmbH
Arnstädter Straße 8
99096 Erfurt
www.suttonverlag.de

ISBN: 978-3-96303-283-7
Druck: Florjančič Tisk d.o.o. / Slowenien
Gestaltung und Herstellung: Sutton Verlag

In diesem Buch wird aus Gründen der besseren Lesbarkeit das generische Maskulinum verwendet. Weibliche und anderweitige Geschlechteridentitäten werden dabei ausdrücklich mitgemeint, soweit es für die Aussage erforderlich ist.

Herbert Biedermann

Wiener Fundstücke

Eine Stadtgeschichte in kuriosen und unbekannten Objekten

19,99 € | ISBN: 978-3-96303-020-8

Dimitrios Dolaplis

Wien.

Einst und Jetzt

22,99 € | ISBN: 978-3-96303-248-6

Alexander Glück
Niederösterreich
55 Meilensteine der Geschichte
SUTTON
Menschen, Orte und Ereignisse, die unsere Region bis heute prägen